KB167538

이를테면,
그단스크

일러두기
1. 인명과 지명 표기는 가급적 영어식 표현법을 따랐다.
2. 원어 표기가 보편적으로 쓰일 경우에는 원어로 첨자를 적었다.
    예) 네덜란드 사회 주택 단지(Bloemenbuurt), 햇빛요양원(Sanatorium Zonnestraal)
3. 문학작품, 노랫말, 영화 등은 〈 〉, 단행본은 『 』로 구분했다.

낯설지만 빛나는 도시에서

이를테면,
그단스크

고건수 지음

Bratislava
Gdansk
Ljubljana
Hilversum
Riga
Rijeka
Lille-Metropole

효형출판

유럽의 낯선 도시가 지닌 매력

어릴 적부터 난 작거나, 소박하고, 잘 알려지지 않은 것에 유독 관심을 가졌다. 게다가 내가 직접 느껴 본 경험이라면 더 애틋했다. 곰곰이 생각해보면 유년 시절의 영향이 컸던 것 같다.

태어난 곳은 서울이지만, 도시와 시골이 묘하게 공존하는 진주에서 학창 시절을 보냈다. 당시의 걸음으로 삼십 분 정도 걸리는 등굣길에는 계절마다 다른 풍경이 펼쳐졌다. 철도 건널목을 지나면 오른편으로 논밭이 있었는데, 봄날의 물웅덩이에는 올챙이가 꼬물거렸고, 장마를 맞은 여름이면 잔잔한 호수처럼 물이 채워져 파란 하늘이 담겼다. 가을에는 노란 벼가 고개를 숙인 채 바람에 살랑거렸고, 겨울 들판은 전혀 다른 공간감으로 스산히 바뀌었다. 농한기를 맞은 농부는 하릴없이 땅을 놀리기 싫었는지 '방방(대형 트램펄린)'을 설치해 아이들을 불러 모았다. 수도 없이 이 길을 오며가며 회색빛 도시에서는 접할 수 없는 공간적 감수성이 무럭무럭 자랐던 것 같다.

　건축을 전공하기로 결심한 후에도 나는 주변 사람과는 애써 다른 길을 둘러봤던 것 같다. 대학을 정하고, 대학원을 갈 때도 언제나 샛길에 눈독 들였다. 그렇게 시간이 흘러 어느새 발걸음은 네덜란드까지 다다랐다. 거기서도 천성은 바뀌지 않았다. 도서관을 기웃거리다가 대개가 별 관심을 주지 않는 책에서 우연히 발견한 도시, 『서양건축사』를 펼쳤을 때 페이지 구석에 부록처럼 실린 건축, 특별하진 않아도 있는 그대로의 평안함을 지닌 공간을 찾아다녔다. 내가 다닌 도시를 나열하면 유럽을 꽤 여행했다는 사람들조차도 고개를 갸웃거린다.

　걸음마다 기록으로 남겼고, 사진으로 그 기억의 틈을 촘촘히 덧댄 게 이 책이다. 평소 들어보기 힘든 건축은 물론, 우리나라 건축계에는 잘 알려지지 않은 건축가들의 이야기를 선별해 담았다. 역사의 상흔이 아직도 도시 곳곳에 짙게 새겨져 있다는 믿음으로 공간의 기억을 뒤적이고 골목을 거닐었다.

크게 세 부로 나뉜 이 책에서 1부는 「소설이 된 도시」를 주제로 한다. 슬로바키아의 브라티슬라바와 폴란드의 그단스크를 함께 거닐 것이다. 두 도시는 파괴와 복원의 역사를 고스란히 안고 있다. 2부는 「안목과 애정이 깃들면」으로, 건축가나 역사 속 건축 사조가 빚은 보석 같은 매력의 공간들을 담았다. 슬로베니아의 가우디로 알려진 요제 플레츠니크의 작품이 가득한 류블랴나, 빌럼 마리누스 두독이 평생을 바친 네덜란드 힐베르쉼, 아르누보 예술이 꽃피운 라트비아 리가를 돌아본다. 3부 「비로소 열린 내일」에서는 산업혁명으로 번성했으나 지금은 쇠퇴한, 크로아티아 리예카와 프랑스 릴-메트로폴로 떠난다. 버려졌던 공간에서 새로운 희망이 움트는 장면이 이 도시들을 상징한다.

이제부터 내가 숨겨뒀던, 아끼는 이 도시들을 천천히 소개하려 한다. 도시 공간 이면에 켜켜이 쌓인 서사와 그곳 사람들이 만들어낸 문화적 감수성과 예술적 상상력은 언제나 영감의 원천이 된다. 내가 공간에서 느낀 감정과, 도시가 내게 줬던 영감에 독자들이 깊이 공감할 수 있다면 더 바랄 것이 없겠다. 무엇이 들었는지 몰라 '설렘'을 주는 랜덤 박스처럼, 처음 마주한 낯선 공간과 그 속에 짙게 깔린 건축가의 숨결은 이 책과 함께하는 여정을 더욱 설레게 만들어 줄 것이다.

누구나 한 번쯤은 갈 수 있는 명망 높은 유럽의 도시가 아닌, 낯설지만 비범한 매력을 지닌 특별한 도시를 만날 수 있기를.

2022년 12월
고건수

1부. 소설이 된 도시

슬로바키아
브라티슬라바

뚜렷하게 남은 두 개의 시간

네덜란드
힐베르쉼
독특한 건축의 향기

라트비아
리가
아르누보의 도시

3부. 비로소 열린 내일

크로아티아
리예카

버려진 가까운 과거

프랑스
릴 – 메트로폴

예술이 스미다

Slovakia, Bratislava
슬로바키아, 브라티슬라바

라디오 빌딩 Budova Slovenského rozhlasu
미카엘문 Michalská brána
성 마틴 대성당 Katedrála svätého Martina
에스엔페 다리 Most SNP
파넬라크 Panelák

Poland, Gdansk
폴란드, 그단스크

금문 Brama Złota
녹색문 Zielony Most
드우가 거리 Ulica Długa
성 캐서린 성당 Kościół św. Katarzyny
웁하겐 하우스 Dom Uphagena
잃어버린 묘지를 위한 묘지 Cmentarz Nieistniejących Cmentarzy

1부.
소설이 된 도시

역사가 남긴 건축

Slovakia, Bratislava

뚜렷하게 남은 두 개의 시간

브라티슬라바성.

슬로바키아 옛 국립 극장 앞 거리.

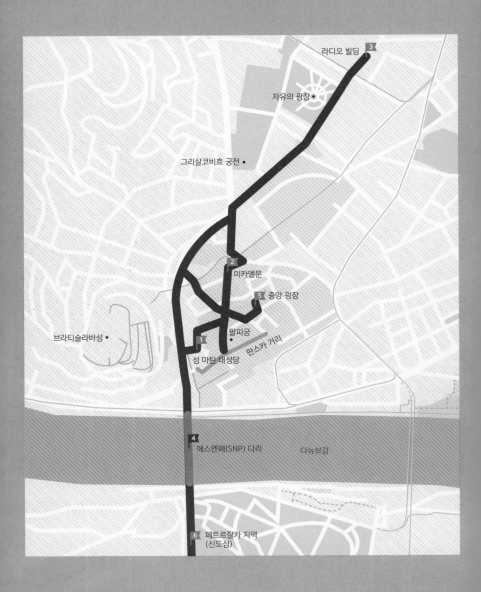

강으로 구분된 시간

중세의 기억을 고스란히 간직한 구도심에서 출발한다. 길을 따라 걷다 보면 역사책에서
등장했을 법한 인물들과 만난다. 구도심을 벗어나면 공산주의 시대를 상징하는 라디오 빌딩이
기다리고 있다. 에스엔페 다리로 강을 건너면 회색빛 신도심 지구에 이른다.

오래된 젊은 수도
브라티슬라바

여행할 때 이동 시간만큼 아까운 것이 없다. 유럽까지 날아가 오랫동안 돌아다니기도 쉽지 않은데, 때로는 너무 많은 시간을 길 위에 버리고 있는 건 아닌지. 누구나 한 번쯤 이런 생각을 해 봤을 것이다. 만약 그렇다면 브라티슬라바는 예외로 두라고 하고 싶다.

브라티슬라바(Bratislava)는 슬로바키아의 수도로, 오스트리아 비엔나(Vienna)와 무척 가깝다. 두 도시 사이 거리는 약 65킬로미터로, 차로 한 시간이면 충분하다. 서울역에서 인천국제공항까지 가는 정도다. 오스트리아를 여행하고 있다면 부담없이 둘러보고 올 수 있는 도시다. 그런데 이렇게 생각할 수도 있다. 가까운 만큼 비슷하지 않을까? 하지만 우리나라와 일본이 다르듯 브라티슬라바와 비엔나도 비교할 수 없는 다른 매력이 있다.

브라티슬라바는 한 나라의 수도가 된 지 사십 년도 되지 않은 젊은 수도다. 1993년, 한 몸이었던 체코와 슬로바키아가 나누어지면서 슬로바키아의 수도가 되었다. 그렇다고 완전히 새로운 도시는 아니다. 수백 년 전에는 지금보다 훨씬 중요한 위치에 있었다. 유럽 역사를 이야기할 때 브라티슬라바는 빼놓을 수 없다. 선사 시대부터 사람들이 살기 시작한 이 지역은 오랜 기간 헝가리 왕국에 속해 있었다. 1536년, 헝가리 왕국의 수도로 지정된 뒤에는 여러 왕이 이곳에서 대관식을 열기도 했다. 그중에는 신성 로마 제국의 전성기를 이끈 마리아 테레지아(Maria Theresia)도 있었다.

하지만 모든 제국이 영원할 수는 없는 법. 19세기까지도 번성했던 이 도시를 향해 인근에 새롭게 생겨난 강자인 오스트리아-헝가리 제국이 압박해 들어오면서 조금씩 쇠락의 길을 걸었다. 이 지역에서 살아온 슬라브족은 외부에서 들어온 독일인과 헝

브라티슬라바성에서 내려다본 구도심.
성 마틴 대성당을 중심으로 낮은 적색
지붕들이 옹기종기 모여 있다.

가리인들에게 탄압받기 시작했다. 설상가상으로 브라티슬라바는 세계대전이 벌어지는 동안 나치의 꼭두각시 도시로 전락하여 유대인 학살 사건까지 벌어지고 말았다.

수백 년 전성기가 지나가고 나치 점령하에 암울한 시기를 보내야 했던 브라티슬라바가 그나마 안정을 찾은 것은 제2차 세계대전이 끝난 1945년부터다. 소련군이 진주하면서 공산당 정부가 들어섰다. 우리가 익히 알고 있는 체코슬로바키아 공화국이 바로 이 시기에 탄생했다. 사회주의 정권 아래 공산당의 건축 정책이 땅 위에 그려졌다. 북서-남동 방향으로 흐르다가 방향이 살짝 바뀌며 도심을 남북으로 가르는 다뉴브강 위로 비행접시를 올려놓은 듯한 파격적인 다리가 놓였다. 강 너머 신도심에는 파넬라크로 불리는 회색빛 조립식 아파트가 우후죽순 들어섰다. 미카엘문(Michael's Gate), 우리나라로 치면 광화문에 해당하

다뉴브강 위로 'UFO 다리'로 불리는 에스엔페 다리가 놓여 있다. 다리 건너편으로는 신도심 지구인 페트르잘카가 보인다.

는 성문 뒤편에는 피라미드를 거꾸로 세운 독특한 모양의 건물이 자리 잡았다. 수백 년 세월이 무색하게도 모든 것은 단시간에 바뀌고 있다.

전쟁 이후 한 나라가 된 체코와 슬로바키아의 동거는 어색했다. 슬라브족이라는 같은 혈연에서 시작해 민족과 언어가 비슷하긴 했으나 역사적으로 보면 오랜 시간 다른 나라로 지내온 터였다. 연결고리가 약한 그들이 손을 잡은 건 단순히 제1차 세계대전의 결과 때문이었다. 둘의 이별은 처음부터 정해진 운명이었을까? 서서히 벌어져 가는 경제와 문화 차이는 끝내 극복하기 어려웠다. 결국 1989년에 일어난 혁명으로 공산 정권은 무너졌다. 그로부터 사 년 후 체코와 슬로바키아는 국민 투표를 통해 분리를 선언했다. 오랜 기간 방황하던 브라티슬라바는 다시 한 나라의 수도로 돌아왔다.

두 개의 뚜렷한 역사는 지금도 땅 위에 고스란히 새겨져 있다. 구도심의 화려한 과거와 신도심을 장악한 회색빛 흔적. 뒤늦게 자본주의 시장에 뛰어든 슬로바키아는 과거의 영광을 되찾으려 무던히 노력했다. 공산주의 상징물을 지워내고, 버려졌던 구도심을 꾸미기 시작했다.

오늘날, 간극은 조금씩 좁혀지고 있다.

오래 보아야 사랑스럽다
성 마틴 대성당에서 미카엘문으로

'화려한 건축'이란 무엇일까. 보석처럼 빛나는 에펠탑의 야경? 중세에 만들어진 독일의 고풍스러운 성? 눈앞에 보이는 것을 말한다면 브라티슬라바의 구도심은 화려함과 거리가 멀다. 아기자기하다고 느낄지도 모르지만, 로마의 트레비 분수나 금으로 장식한 옛 왕궁과는 분명히 다르다.

판스카 거리(Panska Street)의 시작점에 서면 성 마틴 대성당(St. Martin's Cathedral)을 마주할 수 있다. 85미터의 첨탑은 중세 시대에 성벽을 방어하는 목적으로 세워졌는데, 구도심 어느 곳에서도 보일 만큼 크다. 그렇다고 파리의 노트르담 성당처럼 당대 건축 기술이 집약된 건물을 상상한다면 실망할지 모른다. 한 나라와 도시를 대표하는 성당이라 하기에는 수수해 보이기까지 하

수수하고 검박한 모습의 대성당. 그 안에는 오랜 역사와 문화가 살아 숨 쉬고 있다.

니까. 장식이 배제된 무표정한 정면. 정방형으로 정직하게 솟아 있는 첨탑. 그리고 첨탑 끝을 덮고 있는 둥근 청동 지붕까지. 내부는 더욱 간결하다. 검박한 베이지색 기둥과 뾰족한 지붕은 고딕 양식이 유행하던 중세에 지어졌음을 짐작하게 할 뿐이다. 스테인드글라스도 비교적 차분하다.

조금 부족해 보이는가? 하지만 외모만으로 판단하면 큰 오산이다. 비록 화려하지는 않아도 역사적으로 상당한 가치를 지니고 있다. 우리나라와 비교하자면 경복궁과 명동성당을 합쳐 놓았다고나 할까? 1563년에서 1830년 사이, 합스부르크 가문의 통치 아래 11명의 헝가리 왕이 이곳에서 즉위식을 올렸다. 첨탑 꼭대기에는 이를 증명하는 금장 왕관 장식이 빛나고 있다. 2008년에 이르러서는 브라티슬라바에 새로운 대교구가 신설되면서 대성당의 반열에 올랐다.

그렇다고 종교나 정치적으로만 이름이 알려진 건 아니다. 음악사에서도 빼놓을 수 없다. 베토벤이 가장 애착을 갖고 만들었다고 알려진 장엄미사곡이 성 마틴 대성당에서 처음으로 연주되었다. 세상을 떠나고 삼 년 후의 일이라 안타깝게도 본인이 들을 기회는 없었지만 현재는 19세기를 대표하는 걸작으로 평가받는다. 유명한 피아니스트이자 작곡가인 프란츠 리스트(Franz Liszt)의 흔적도 찾아볼 수 있다. 브라티슬라바는 그가 데뷔 연주회를 연 곳이자 평생에 걸쳐 수시로 방문하여 영감을 받은 도시로 알려져 있는데, 성당 광장 한편에는 리스트를 기리는 흉상도 세워져 있다. 단순히 오래되어 가치 있는 건축이 아니라 한 시대를 움직였던 문화와 사상의 출발점을 이루는 의미 있는 장소다.

옛 모습 그대로 잘 간직되었다면 참 좋았을 텐데. 아쉽게도 공산주의 정부 아래 있던 1970년대, 성당과 에스엔페(SNP) 다리를 연결하는 도로가 만들어졌다. 주변 경관은 심각하게 훼손됐다. 성벽이 일부 떨어져 나갔고 구도심과 서쪽 브라티슬라바성을 잇는 길이 끊어졌다. 게다가 도로가 성당과 너무 가깝게 만들어진 탓에 지나다니는 차들의 진동으로 건물의 기초가 흔들려 붕괴 위험에 시달렸다. 불과 몇 년 전까지만 해도 보수 공사를 해야 했을 정도다. 도로 건설은 도시의 미래를 위한 판단을 따른 것이지만 너무 성급한 결론이었던 건 아닌지, 아쉽기만 하다.

살다 보면 많은 사람을 만난다. 매력 또한 천차만별이다. 코가 오똑한 사람, 눈썹이 짙은 사람, 눈이 사슴같이 빛나는 사람…. 건물도 마찬가지다. 평범해 보이는 성 마틴 대성당도 매력적인 부분이 있다. 바로 옆모습이다. 구도심으로 들어가는 길, 마당에 서면 주변과 어우러져 건물이 가장 아름답게 보인다.

무엇이 아름다워 보이게 하는 걸까? 우선 전체적인 모습을 살펴보자. 비대칭 사각형 모양의 광장에 서서 성당을 보면 맞은편 꼭짓점에 있는 첨탑으로 시선이 집중된다. 건물은 꼭짓점을 향해 약간 비스듬히 놓여있어, 정면을 보는 것보다 훨씬 입체적으로 보인다. 둘째는 지붕이다. 두 부분으로 나뉜 성당과 부속 건물 지붕이 서로 균형을 잡아주면서 시선을 자연스럽게 마당 잔디로 떨어트린다. 성당 지붕부터 이웃 건물, 마당까지 세 요소가 조화를 이룬다. 의도한 것인지 우연의 결과인지는 모르겠지만 건축도 결국은 자연의 일부이자 예술일 수 있음을 훌륭하게 입증하고 있다.

성당을 뒤로한 채 구도심 거리로 접어들었다. 은은한 색의 옛 건물이 이어지는 풍경은 여느 유럽 도시 골목과 크게 다르지 않다. 고풍스러운 골목을 더욱 풍성하게 만드는 거리 악사들, 야외 테라스 의자에 앉아 모처럼 나온 햇살을 즐기는 사람들. 낯섦이 선사하는 아름다움에 서서히 빠져들었다.

발걸음을 천천히 옮기며 걷고 있는데 의외의 이름이 새겨진 건물들이 자꾸 눈에 들어왔다. 여섯 살의 모차르트가 연주했던 팔피궁(Palffy Palace), 아홉 살 리스트가 데뷔 무대를 가졌던 파울리궁(Leopold de Pauli's Palace), 그리고 모차르트의 제자이자 체르니의 선생님이기도 했던 홈멜(Johann Nepomuk Hummel)의 집까지. 한 시대를 상징하는 음악가들의 흔적이 거리 곳곳에 숨 쉬고 있다. 보이는 역사 위에 보이지 않는 과거가 벤투르스카 길을 따라 이어졌다.

벤투르스카 거리 입구. 멀리 보이는 노란색 건물이 리스트가 데뷔 무대를 가졌던 파울리궁이다.

그렇게 십 분쯤 걸었을까? 어느덧 길 끝에 다다랐다. 우뚝 솟은 탑문이 있었다. 정식 명칭은 미카엘문으로, 구도심에 유일하게 남은 성문이다. 대포를 맞아도 끄떡없을 것 같은 단단한 몸체가 인상적인데, 그래서인지 몰라도 꽤 오랜 시간을 버텼다. 14세기에 축조된 이후 칠백 년 가까이 같은 자리를 지키고 있는 셈이다. 현재의 모습을 갖추게 된 건 18세기 중엽이다. 당시에 만든 바로크 스타일의 용 장식은 타워의 가장 높은 곳에 자리 잡고 있다. 오랜 옛날, 성 마틴 대성당에서 대관식을 마친 왕의 행진이 벤투르스카 거리를 거쳐 미카엘문으로 이어졌다. 여기서 왕은 주교의 손을 향해 맹세했다. 이곳은 왕과 이곳에 살던 모든 사람들의 기억 속에 남았다.

구도심 어디서나 보이는 미카엘문.

미카엘문과 성 마틴 대성당은 결코 화려한 모습을 자랑하지 않는다. 시골 마을 어귀의 오래된 나무처럼 한 자리를 지키며 과거와 현재를 묵묵히 연결하고 있다. 삶에서 공간이 중요한 이유는 그곳에 기억이 깃들기 때문이다. 공간은 인간이 머무는 시간보다 오래 남아 역사를 연결하는 고리가 된다. 이 땅에 사는 사람들은 그 고리를 통해 과거를 추억하고, 때로는 반성하며 앞으로 마주할 미래를 대비한다. 생김새가 허름하고 보잘것없어 보여도 오래된 건축과 거리를 자세히 보고 소중히 다루어야 할 이유가 여기 있다.

삶에서 공간이 중요한 이유는
그곳에 기억이 깃들기 때문이다.

공산주의 건축을 마주하다
라디오 빌딩과 에스엔페 다리

미카엘문을 나섰다. 거리를 분주히 가로지르는 차들, 시민들을 실어 나르는 빨간 트램이 가장 먼저 눈에 들어왔다. 다른 활력이 느껴진다. 지금껏 보았던 도시와 다른 모습이다. 대통령 관저를 지나 조금 더 걷다 보니 이런 풍경마저도 무색하게 만들어버리는 독특한 건물이 등장한다. 마치 다른 세상에서 날아와 땅에 콕 박힌 듯한, 거꾸로 뒤집은 피라미드 모양 건물. 브라티슬라바를 대표하면서도 항상 논란의 중심에 있는 슬로바키아 라디오 빌딩(Slovak Radio Building)이다. 어쩌다가 이런 건물이 생겼을까? 특별한 멋이 느껴지면서도 수많은 대각선 부재를 계속 보고 있으면 이내 머리가 어지러워진다. 이런 독특한 디자인이 등장하게 된 연유는 지금과 멀지 않은 과거에 있다.

히틀러가 사망하고 제2차 세계대전이 종말을 고하면서 세계

피라미드를 뒤집은 모양의 라디오 빌딩.

의 중심은 미국과 소련으로 나뉘었다. 전쟁 기간 동안 독일에 의
해 괴뢰 정부가 세워졌던 슬로바키아에는 이후 소련군이 진주
했다. 전쟁이 끝나고 삼 년 뒤 쿠데타가 일어나면서 소련의 지원
을 받은 체코슬로바키아 공산당이 일당 독재로 권력을 장악했
다. 이후 새로운 공산주의 정권은 지금껏 쌓아왔던 도시 흔적 위
에 새로운 그림을 빠르게 그려나갔다. 도로가 건설되었고, 교외
지역에 회색빛 아파트가 생겨나기 시작했으며, 다뉴브강 위에
는 초현대적 디자인의 다리가 놓였다. 불과 반세기도 지나지 않
은 동안 도시의 모습은 빠르게 달라지고 있었다.

그런데, 공산주의 정권과 역피라미드 건물이 대체 무슨 관련이 있단 말인가? 그 답을 찾기 위해 북한을 유심히 볼 필요가 있다. 단일 건물로 관심사를 좁혔을 때 북한을 생각하면 떠오르는 랜드마크가 있다. 류경 호텔이다. 평양 시내에 하늘 높이 치솟은 이 호텔은 오랜 기간 건설된 것으로도 유명하고, 독특한 생김새 때문에 각종 미디어에서 소개되었다.

압도적인 도시 풍경을 만드는 북한 류경 호텔. 공산주의 정권에서 건축은 선전과 통제를 위한 훌륭한 도구가 되기도 했다.

공산주의 정권에서 건축은 선전과 통제를 위한 도구다. 자유주의 국가와의 경쟁에서 밀리지 않는 모습을 보여 주려고 때로는 기술이 집약된 초현대적인 디자인을 건축에 도입하고, 사람들을 통제하기 위해 위압적인 정부 건물을 짓는다. 사회 체제를 효율적으로 유지한다는 명분으로 교외에는 회색 계열의 조립식 고층 아파트를 건설한다. 건축은 상대적 우월감을 나타내는 수단에 지나지 않는다.

공산당이 약 오십 년간 슬로바키아를 지배하는 동안에도 마찬가지였다. 당시 건축계에서는 건축 구조를 숨기기보다 도드라지게 만드는 '브루탈리즘'이 유행했다. 특히 콘크리트의 거친 면을 그대로 노출하고 반복적인 모듈 시스템을 도입했다. 이는 거대하고 기념비적인 국가 건물을 만드는 한편, 모두를 위한 공정한 삶을 표방하며 표준화된 사회를 추구하고자 했던 사회주의 이념과 꽤 어울렸다. 동유럽의 많은 공산 국가가 이러한 건축 경향에 적극적으로 반응했다. 그 흔적으로 남은 건물이 바로 라디오 빌딩과 다뉴브강 위의 에스엔페 다리다.

1967년 시작된 라디오 빌딩 건설은 1983년에 마무리되었다. 라디오 방송국, 녹음실, 콘서트홀 등이 들어선 소리의 전당이다. 중력을 거스르는 도전적인 건물 구조는 여전히 많은 사람의 입방아에 오르내린다. 세계의 못생긴 건물을 선정하면 꼭 빠지지 않고 들어가는데, 재미있는 점은 그럴 때마다 슬로바키아의 건축가들은 못마땅해한다는 것이다. 오히려 지역의 디자이너들은 나라를 대표하는 훌륭한 건축이라 말한다는데, 왜 이런 차이가 발생하는 걸까?

처음 봤을 때는 무섭게 생겨서 다가가기 힘들었는데 알고 보니 섬세한 매력이 있는 사람도 있다. 라디오 빌딩이 그렇다. 길을 걷다 처음 이 빌딩을 마주하면 누구나 형태적 위압감에 숨이 턱 막힌다. 짙은 고동색의 두꺼운 철 구조가 감싼 입면, 바람과 중력을 견딜 수 있도록 그 위에 올려진 대각선 철골 부재, 특징 없이 반복되는 창문들, 주변 환경과 아무런 맥락 없이 거대하게 들어선 건물을 보고 있으면 세계에서 가장 못생긴 건물 리스트에 들어갈 만하다고 느껴진다. 하지만 문을 열고 들어가자 반전이 펼쳐진다.

층별로 라디오 녹음 부스와 사무실이 반복되겠거니 생각했던 상상을 무참히 깨버린다. 이 건물의 백미는 내부에 있다. 공간은 가운데 코어(건물의 순환과 서비스를 위해 사용되는 수직적 공간)를 중심으로 역피라미드 모양 외곽을 따라 계단식으로 배치되어 있다. 사무실 앞 복도와 맞닿은 계단은 아래 위층을 이어주고, 구름다리는 엘리베이터와 연결되어 사람들의 이동을 돕는다. 무엇보다도 계단식 공간 배치는 답답하리라 상상했던 내부를 시각적으로 탁 트이는 역동적인 공간으로 만든다. 사무실 중간에 서서 위아래를 번갈아 보면 맨 위층에서 가장 아래층까지 쭉 쏟아지는 햇살이 인상적이다. 넉넉하게 초대한 빛이 계단을 타고 각 층에 음영을 만들어 건물 표정이 다양해진다. 무뚝뚝한 사람의 따뜻한 내면 같달까?

쓸모없이 버려졌던 외부 공중 정원도 다시 살아났다. 피라미드 밖은 2층 규모의 부속 건물들과 연결되는데, 이곳은 외부 계단을 통해서도 접근할 수 있다. 오랜 기간 보안 문제로 방치되었지만 몇 년 전부터 여기를 살려 정원을 만들자는 움직임이 일었고, 마침내 정기적인 이벤트가 열리는 공간으로 되살아났다.

호불호가 뚜렷한 건축임은 틀림없다. 매력적인 내부 공간이 있지만 투박한 외모가 선입견을 갖게 한다. 그러나 반전의 아름다움이 없다면 라디오 빌딩은 브라티슬라바의 여러 건물 중 하나에 지나지 않았을 것이다. 후세에 어떤 평가가 내려지든, 과거의 시대를 환기하고 아름다움을 다시 생각하게 한다는 점에서 의미 있는 건축임에 틀림없다.

피라미드 꼭대기의 창을 통해
자연광이 깊숙이 들어온다.
넉넉하게 들어온 빛은 계단을 타고
각 층에 음영을 만들어낸다.
건물 표정은 더욱 다양해진다.

라디오 빌딩과 함께 공산주의 건축을 대표하는 랜드마크가 다뉴브강을 가로지르는 에스엔페 다리다. 앞서 이야기한 것처럼, 성 마틴 대성당 바로 앞 도로와 강 건너편 신도심을 연결한다. 역피라미드 못지않은 특이한 디자인으로 유명한데, 우주에서 온 비행접시가 다리 꼭대기에 주차한 듯한 분위기 때문에 UFO 다리로도 불린다. 85미터 위에 있는 비행접시는 다름 아닌 전망대다.

1972년 완공된 이 거대한 다리의 정식 명칭은 '모스트 에스엔페(Most Slovenského Národného Povstania)'다. 1944년 나치에 항거한 대대적인 민중 봉기였던 슬로바키아 민족 항쟁을 기리는 데서 유래했다. 완공 후 한동안은 새로운 다리를 일컫는 '노비 모스트(Nový Most)'로 불렸지만 아픈 역사를 되새기자는 의미로 2012년에 지금의 이름으로 변경되었다.

건설된 지 사십 년이 훌쩍 넘었지만 여전히 구조 디자인 분야에서 손에 꼽힌다. 다리 위에 세운 탑에서 비스듬히 친 케이블로 상판을 지지하는 사장교로, 무려 303미터를 기둥 없이 버틴다. 브라티슬라바성 위에서 내려다보면 강 쪽으로 단 하나의 발도 걸치지 않은 모습이다. 기술이 정점에 이르면 예술이 된다고 했던가? 언뜻 위태로워 보이지만 반세기 전의 구조 기술임을 상상하니 놀랍기만 하다.

독특한 케이블 구조나 비행접시를 제외하고도 일반적인 다리와는 다른 특징이 하나 더 있다. 다리를 자세히 보면 차도와 보도가 위아래로 분리되어 있다. 따라서 소음을 견딜 수만 있다면 비교적 안전하게 강을 건너갈 수 있어 조깅 하거나 자전거 타는 시민이 많다. 동쪽 기둥에는 전망대로 오르는 엘리베이터가 있어서 남북으로 펼쳐진 도시를 구경하는 것도 꽤 볼 만하다.

전망대에 올라 보니 성 마틴 대성당과 그 옆으로 연결된 다리의 끝 도로가 새삼 더 가깝게 느껴졌다. 정말 아슬아슬하게 성당을 비껴 간 느낌이다. 이 도로가 건설되면서 남쪽 신도심과 구시가지가 연결되었으나, 성당 주변에 밀집되어 있던 유대인 지구는 철거되고 말았다. 미래를 위한 어쩔 수 없는 선택이었지만 흔적으로 유추할 수 있는 역사가, 상상으로만 존재하는 과거가 되어버린 것은 너무나 안타까운 일이다.

건물이 오래되면 대개 두 개의 미래를 맞이한다. 고쳐서 쓰거나 아니면 새로 짓거나. 과거를 너무 감상적으로 바라볼 필요는 없다. 하지만 우리가 살아온 이 공간이, 그리고 이웃의 삶이 얼마나 가치 있는 것인지 한 번쯤은 생각해 봐야 하지 않을까. 이런 상황이 주어진다면, 여러분은 어떤 선택을 하겠는가?

자세히 보아야 예쁘다
구도심 위에 그린 자유

다시 구도심으로 돌아와서 지도 없이 여기저기 거닐기 시작했다. 날이 좋아 그런지, 공산주의 도시였다는 편견이 있어 그런지는 몰라도 상상했던 것보다 아기자기하게 느껴졌다. 푸르른 나무들과 여기저기 놓인 벤치들이 도심 위에 아늑한 분위기를 덧칠하고 있었다.

　구도심이 처음부터 지금과 같은 모습이었던 건 아니다. 독립 후 자유주의 정권이 들어서고 나서야 본격적으로 재생 사업이 시작되었다. 그전까지만 해도 벗겨진 페인트와 방치된 빈집으로 가득 찬 생기 없는 장소였다. 정부는 이 지역을 살리기 위한 정책을 폈다. 공산당 정권 아래에서 국가에 귀속되었던 건물은 주인을 찾아 돌려주고 고쳐 쓰게끔 지원했다. 버려진 건물에는 하나둘씩 불이 켜졌다. 거리는 예전의 모습을 되찾기 시작했다.

브라티슬라바의 구도심에는 다른 나라와 달리 동상이나 조각 같은 거리 조형물이 유난히 많다. 하나하나가 시각적 즐거움으로만 존재하는 게 아니라 이야기로 가득하다.

지금으로부터 수십 년 전, 이그나츠 칼만이란 남자가 있었다. 그는 사랑하던 사람에게 실연당하고 새로이 사랑하게 된 사람마저 독일군 강제 노동 수용소에서 잃자 도시 이곳저곳을 떠돌기 시작했다. 우울함 속에 미치광이처럼 돌아다녔다. 그렇게 지내던 어느 날, 유명한 광대였던 할아버지가 떠올랐다. '맞아. 할아버지 앞에서는 사람들이 항상 기쁜 웃음을 지었지?' 팔을 움직이기만 해도 청중은 웃었고, 가까이 다가가도 미워하는 사람이 없었다. 아는 사람이든 모르는 사람이든 마찬가지였다.

시민들에게 기쁨을 선사하고 웃음이라는 보답을 받던 할아버지를 생각하며 마음을 고쳐먹었다. 정장을 갖춰 입고 매일 구도심을 돌아다니며 여인들에게 공손하게 손키스를 청했다. 미카엘문 앞에서 시작한 그의 하루는 시청 앞 광장을 거쳐 다뉴브강까지 이어졌다. 도시의 골목골목을 다니며 기쁜 에너지를 전했고, 사람들은 그에게 '쇠너 나찌(잘생긴 이그나츠)'라는 별명을 지어주었다. 오늘날에도 그는 시청 광장 한편에 서서 한 손에 모자를 들고 인사하고 있다. 그는 오십 년 전에 세상을 떠났지만 여전히 많은 사람에게 기쁨을 준다.

시청 광장 분수대 옆에는 두 사람이 앉으면 꽉 찰 만한 작은 벤치가 있다. 벤치 오른편에는 군인 복장을 한 동상이 두 팔을 의자에 기댄 채 앞을 응시하고 있다. 포즈를 취해줄 테니 같이 사진을 찍자는 듯하다. 프랑스 대사관 앞에 있는 이 동상의 주인공은 후베르트다. 나폴레옹이 러시아 원정에 실패하고 본국으로 돌아가던 중, 프랑스 제국 군인이었던 그는 부상을 입어 브라티슬라바 병원에 머물렀다. 그때 간호사였던 파울린느와 사랑에 빠져 이곳에 삶의 뿌리를 내렸다.

프랑스 샹파뉴 지방 출신답게 스파클링 와인을 만들어 판매했다고 전해지는데, 현재 슬로바키아의 유명한 샴페인 브랜드 후베르트(Hubert)가 여기서 유래한 것이라 한다. 역사와 지역 특산품과 대사관 건축이 서로 흥미로운 앙상블을 만들어낸다.

한편, 광장에서 멀지 않은 곳에 있는 쭈밀(Čumil)은 구도심에서 가장 유명한 조각상이다. '관찰자'라는 뜻의 쭈밀은 개구진 모습으로 시민들을 지켜보고, 아니, 엿보고 있다. 맨홀 뚜껑 밖으로 고개를 빼꼼 내밀고 음흉한 미소를 짓고 있는 이 조각상을 보면 걸음을 멈추지 않을 수 없다. 실제로 구도심 곳곳에 있는 조각상 중에 가장 인기가 많다. 그와 함께 사진을 찍으려는 사람들로 늘 붐빈다. 그의 모자에 손을 올리고 사진을 같이 찍으면 소원이 이루어진다는데, 과연 그럴까? 쭈밀을 둘러싼 소문은 많다. 일하기 싫어했던 공산주의 시대 노동자를 상징한다든가, 여성들의 치마 속을 훔쳐보려고 이곳에 자리를 잡았다든가 하는 이야기다. 이유야 어찌 되었건 지금까지도 쭈밀은 많은 이에게 사랑받고 있다.

조각상 지도가 따로 있을 정도로 브라티슬라바의 구도심은 소소한 이야기로 가득하다. 한 가지 특징은, 동상이나 조형물이라 해서 유명인의 이야기를 담고 있는 게 아니라는 점이다. 그저 그 시기, 이곳에 살았던 사람들의 삶, 그 자체다. 세상을 움직이는 건 평범한 사람들의 힘이라고 했던가? 브라티슬라바는 이런 시민들의 삶을 곳곳에 녹였다. 다른 어떤 조각상보다 친숙하게 느껴지는 까닭은 여기 있지 않을까.

슬로바키아 옛 국립 극장 앞 거리. 1885년에 완성된 네오르네상스 양식의 극장 건물이
고즈넉한 분위기를 연출한다.

옛 시청사와 함께 아기자기한 이야기를 간직한 동상이 모여 있는 구도심 중앙 광장.

회색빛 스케치북
파넬라크의 미래는?

브라티슬라바성에 올라 에스엔페 다리를 바라보면 강 건너편의 생경한 모습에 고개가 갸웃거려진다. 예스러운 구도심과 너무 다르다. 빼곡히 들어선 아파트. 공장을 연상케 할 만큼 무표정하다. 같은 창문 크기에 동일한 모양을 한 집들이 당당하게 늘어서 있다.

　과거 소련을 비롯한 동유럽 국가에서는 유난히 회백색 연립 주택들을 많이 지었다. 세계대전 후 늘어난 도심의 주택 수요를 만족시키는 동시에 공산주의 기본 원리인 '필요에 의한 분배'를 실현하기 위함이었다. 1950년 이후 소련에서는 스탈린의 정책에 따라 '흐루쇼프카'로 불리는 콘크리트 패널 조립식 아파트를 국민들에게 배당했다. 1961년부터 1968년 사이에 무려 6만 4천 채가 건설되었다. 이 정책은 소련에서만 시행된 게 아니었다. 라

다뉴브강 너머 신도심(페트르잘카 지역)에 펼쳐진 파넬라크 풍경.

트비아, 폴란드, 체코, 불가리아 같은 사회주의 국가에서 비슷한 정책이 이어졌다. 그중 가장 큰 규모로 건설된 것이 다뉴브강 남쪽 페트르잘카 지역의 파넬라크(Panelák)다. 파넬라크 역시 흐루숍카와 같은 의미로 체코슬로바키아 시절인 1960년에서 1995년 사이에 지어진 조립식 아파트를 말한다. 현재도 브라티슬라바 인구 삼분의 일 정도가 이곳에서 살고 있다.

버스를 타고 파넬라크로 무작정 향했다. 여행할 때 한 번쯤은 길을 헷갈려 관광 코스에서 한 발짝 멀어진 경험이 있을 것이다. 그럴 때마다 나는 여행의 울타리를 벗어났다는 두려움과 동시에 이곳에 사는 사람들의 진짜 터전에 와있다는 묘한 감정이 교차한다. 창밖으로 지나가는 브라티슬라바 풍경은 구도심과 사뭇 달랐다. 그곳엔 관광객이 아닌, 삶의 시간이 흘러가고 있다.

한참을 달려 도착한 파넬라크. 주중 낮이라 그런지 단지는 조용했고, 주민들은 나를 마치 길 잃은 새처럼 바라보고 있었다. 단지를 조심스레 둘러보고 있는데 한 젊은 친구가 영어로 말을 걸어왔다.

"어디서 오셨어요?"

표정에 경계심이 없어 보여 찬찬히 답했다. 건축 공부를 하는 사람인데 리모델링 한 파넬라크가 궁금해서 찾아왔다고. 그러자 뜻밖에도 그가 호의적이었다.

"그런 분은 처음 보네요. 저희 아파트 좋긴 한데, 안에 살짝 보여 드릴까요?"

속으로 쾌재를 불렀다. 건축계에서는 이런 기회가 생기면 소위 '로또 맞았다'고 표현한다. 아무리 건축가라 하더라도 남이 설계한 건물의 내부까지 보는 건 쉽지 않다. 그래서 미리 섭외를 하기도 하고, 연락이 닿아도 퇴짜를 맞기 일쑤며, 몰래 사진이라도 찍다가 걸리면 쫓겨나는 게 다반사다. 그런데 내밀한 주거 공간을 선뜻 보여 주겠다니!

"살짝만 보여 주셔도 될까요? 그러면 너무 고맙죠."

청년은 나를 1층으로 안내했다. 1층은 공용 공간으로 리모델링되어 입주민이 함께 쓰는 사우나와 작은 체육관, 카페로 채워져 있다. 원래는 출입구와 창고만 있어 사실상 버려진 공간이었다고 한다. 같은 공용 공간이지만 물건이 아니라 사람이 모이는 공간으로 성격이 바뀐 셈이다. 큰 아파트 단지 내에 입주민이 쓰는 부대시설이 따로 모여 있는 것에 익숙한 나에게는 신선한 충격이었다. '세대수가 적어도

Before   After

출입구와 창고로 채워졌던 1층에 카페와 체육 시설이 들어섰다. 물건이 아니라 사람이 모이기 시작했다.

이렇게 공용 공간을 마련할 수 있구나.' 주거 공간이었다가 공용 공간으로 바뀌면 세대수가 줄어드는 일이라 민감했을 텐데. 원래 함께 쓰던 공간의 성격을 바꾸는 일이었기에 실현 가능한 계획이다. 실제로도 거주민이 많이 활용하는지 물어봤다.

"꽤 자주 가요. 제가 어릴 때부터 살았는데 그때도 이웃들끼리 친해서 다른 집에 놀러 갔거든요. 그런데 이제는 1층에 만날 수 있는 공간이 따로 생긴 거죠. 소음도 덜하고 여러모로 좋아요. 이 건물이 조립식으로 만들어져서 소음이 심하거든요."

호기심이 발동했다.

"또 달라진 건 없나요? 지어진 지 꽤 된 것 같아서요."
"아, 예전에는 집이 다 똑같았는데 이제는 집 크기가 다양해졌어요. 어떤 집은 방이 하나, 어떤 집은 방이 세 개. 이런 식이죠. 그래서 제 윗집은 대가족이 살고 있고 저는 부모님이랑 살아요. 오히려 다르니까 서로를 잘 이해할 수 있달까요?"

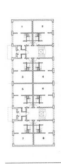

Before

After

단순하게 한 타입만 반복되던 공간에 변화를 주어 다양한 세대가 섞여 살 수 있도록 유도했다.

밖으로 돌출한 발코니들은 건물에 리듬감을 준다. 1층과 바로 연결된
앞마당 같은 야외 정원에서 주민들은 다양한 활동을 한다.

시간이 지나면 삶의 방식도 달라진다. 옛날이야 짧은 시간에
일정한 조건의 주거 공간을 제공하는 '공급'이 중요했지만, 이
제는 거주민들이 어떻게 다양한 모습으로 잘 살아갈지를 고민
하는 '삶의 질'로 패러다임이 바뀌었다. 변화하는 시대에 발맞춰
파넬라크도 변신을 꾀한 셈이다. 특히 조립식 구조가 지닌 한계
를 조금이라도 극복하려 만든 1층 공용 공간 계획 아이디어는
신선하게 다가왔다. 이렇게 다양한 모습으로 변신할 수 있는 데
는 거주자 연합체로 아파트가 운영되는 시스템도 한몫했다고
한다. 이미 많은 파넬라크가 정부의 지원을 받아 보수 작업을 진
행했거나, 할 예정이라고 알려주었다. 집에 돌아와 찾아보니 지
원 범위는 페인트칠부터 인테리어 보수, 단열재 보강에 이르기

까지 다양했다. 우연히 만난 청년의 소개 덕에 브라티슬라바 사람들의 모습이 더욱 선명하게 다가왔다.

파넬라크는 앞으로 다양하게 변신할 수 있는 스케치북 같은 아파트다. 과거에서 벗어나려는 국가의 의지와 시민 간 대화가 더해질 '뉴 파넬라크'는 어떤 모습일까? 부디 긍정적인 결과로 거듭나기를. 개인과 사회와 정부가 함께 만드는 새로운 건축 질서가 기대된다.

브라티슬라바에는 두 개의 시간이 흐르고 있었지만, 한편으로는 그 위에 새로운 그림이 조금씩 더해지고 있었다. 마치 흐르지 않는 남은 하루처럼 시간의 더께를 기다리는 듯했다. 투박해 보이는 두 시간은 어쩌면 하나의 완성된 그림을 그리기 위한 준비일지도 모르겠다. 브라티슬라바의 시간은 아직 오지 않았다.

과거의 기억이 짙게 자리한 도시에서
건축은 어떤 역할을 할 수 있을 것인가?

Poland, Gdansk

다시 쌓아 올린 옛 기억

그단스크 구시청사.

밀러스 하우스(The House of the Millers' Guild).

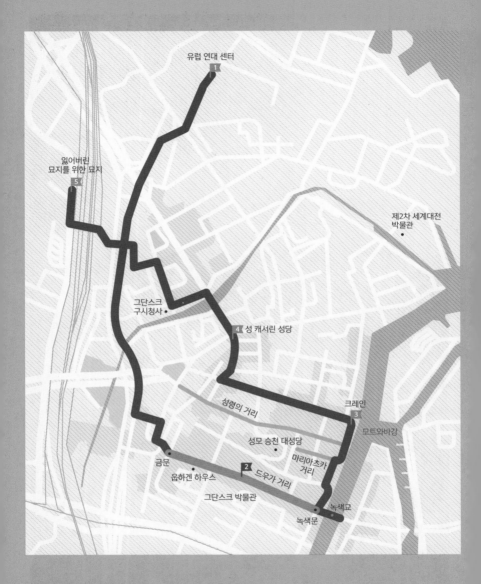

예상하지 못한 감동의 순간

폴란드 민주주의의 상징인 유럽 연대 센터에서 여행을 시작한다. 조선소의 흔적에서
이 도시의 가까운 과거를 엿본 후 드우가 거리로 향한다. 금문에서 출발해 웁하겐 하우스,
녹색문을 지나 모트와바강에 다다른다. 강변을 따라 걷다보면 독특한 모양의 크레인이
기다리고 있다. 성 캐서린 성당과 잃어버린 묘지를 위한 묘지는 그단스크의 상징
그 자체다.

그리고 아무도 없었다
제2차 세계대전의 시작

1939년 9월 1일 오전 4시 45분, 단치히 자유시 근교 요새에 독일군 포격이 가해진다. 제1차 세계대전 후 폴란드령 자유시로 통치권이 넘어간 단치히 반환을 요구하는 히틀러의 침공. 제2차 세계대전을 알리는 신호탄이었다.

　독일어 단치히(Danzig)로 알려진 그단스크(Gdansk)는 유서 깊은 도시다. 중세 도시 상인 조합, 한자동맹에서도 가장 중요한 도시 중 하나였으며, 폴란드 곡물 수출의 절반 이상을 담당하기도 했다. 따라서 이곳을 차지하기 위해 나라 간 다툼도 치열했다. 근대에도 마찬가지였다. 제1차 세계대전이 끝나고 폴란드의 영향을 받는 자유시가 된 그단스크는 묘한 위치에 있었다. 폴란드에 둘러싸여 있음은 물론이고 분리된 독일 사이에 자리했다. 히틀러는 거주민 다수가 독일인이라는 점을 들어 이곳을 반환해 주기를 폴란드에 집요하게 요구했다. 당연히 폴란드는 베르사유 조약으로 얻은 합법적인 땅이었기에 응할 이유가 없었다. 게다가 그단스크 주변은 내륙 국가 폴란드가 바다로 나갈 수 있는 통로였다. 하지만 이렇게 나올 것을 너무 잘 알았던 히틀러는 이를 빌미 삼아 포격을 단행했다.

그단스크는 순식간에 쑥대밭이 되었다. 전쟁 말기에는 소련과의 치열한 전투로 도시 90퍼센트가량이 파괴되었다. 그단스크 박물관(Museum of Gdansk)에 남아 있는 항공 사진을 보면 잿더미라는 표현으로 부족할 정도다. 과거의 영광은 온데간데없다. 확인할 수 있는 사실은 이곳에 도로가, 건물이 있었다는 것뿐이다. 전쟁 후에는 다시 폴란드로 땅이 넘어가면서 도시 구성원도 완전히 달라졌다. 우선, 단치히 자유시 시절, 거주민 다수를 차지했던 독일인들이 모두 추방됐다. 그리고 도심을 재건하는 과정에서 남아 있던 독일의 흔적마저 지워내기 시작했다. 건축뿐만 아니라 거리 이름까지도 독일에서 유래한 것이라면 철저히 배척했다.

조금씩 재건의 길을 걷던 그단스크는 인근 그드니아(Gdynia)와 더불어 대규모 항만 개발로 다시 주목을 받는다. 특히 조선업이 발달했는데, 소련과 동독 등 사회주의 국가에 군함을 수출하면서 폴란드 인민공화국의 주요 무역항으로 발돋움했다. 폴란드 제2대 대통령이자 노벨평화상 수상자인 레흐 바웬사(Lech

(왼쪽)드우가 거리에 있는 넵튠 분수. 1600년대에 지어져 오랜 기간 그단스크의 역사와 함께했다. 나치 독일이 분수대 울타리에 있는 독수리 문장을 제거하기도 했다.
(오른쪽)제2차 세계대전 당시 포격으로 파괴된 그단스크 마리아츠카 거리.

Wałęsa, 1943~)가 그단스크-레닌 조선소의 노동자 출신이다. 1980년 공산주의 정권 아래 자행된 노동자 단체 해고에 저항하여 그단스크와 주변 지역 노동자들의 총파업을 이끈 바웬사는 이후 자유주의 물결을 타고 1990년에 대통령까지 당선된다. 이 정도면 폴란드에서 그단스크가 차지하는 위상을 어느 정도 짐작할 수 있다.

그렇지만 바웬사가 집권한 이후, 아이러니하게도 조선업은 급격한 하향 곡선을 그렸다. 변화한 선박 건조 사업에 재빠르게 적응하지 못한 채 한국, 중국, 일본에게 주도권을 빼앗겼기 때문이다. 대형 선박을 한 척도 만들지 못하는 지경에 이르렀고 수차례 파산 위기를 맞았다. 민주화 상징이기도 한 조선소를 살리고자 엄청난 공적 자금이 해마다 투입되고 있지만 부채는 점점 쌓이고 있다.

2014년 8월, 그단스크 북쪽 조선소로 들어가는 길목에 유럽연대 센터가 들어섰다. 공산주의 체제 아래 처음으로 만들어진 자주적 조합이었던 독립 자치 노동 조합 '연대(Solidarność)'의 기념관이다. 폴란드에 민주주의의 첫 깃발을 꽂은 흔적이 여기 고스란히 남아 있다. 코르텐강(Cor-ten steel)으로 선박의 녹슨 느낌을 표현한 건물 자체도 볼만하지만, 이보다 더 시선이 가는 것은 기념관으로 들어서기 전 마주하는 정문이다.

도시에서 정문은 커다란 상징성을 지닌다. 단일 건물만이 아

코르텐강으로 마감한 유럽 연대 센터 건물. 과거 조선소의 입구를 그대로 활용했다.

니라 부지로 들어설 때 마주하는 첫인상이기에, 사람들의 기억 속에 오래 남거나 그 자체로 랜드마크가 되기도 한다. 우리나라에도 이름난 정문이 많다. 숭례문(남대문)과 흥인지문(동대문)은 대한민국을 상징하며, 서울대를 생각하면 국립 서울대의 자음을 형상화한 '샤' 모양 정문이 먼저 떠오른다. 하지만 디자인이 눈에 띄어야만 의미가 있는 건 아니다. 연세대 정문을 예로 들어보자. 정문 그 자체만 놓고 보면 별다른 특징이 없다. 하지만 그 앞을 지날 때면 우리나라 민주화의 상징인 고(故) 이한열 열사의 마지막 모습이 떠오른다. 가슴이 저절로 뜨거워지는 장소다. 이렇듯 문은 단순히 시각적 의미나 상징을 넘어서 때로는 역사의 증언으로 남는다.

처음 유럽 연대 센터를 방문했을 때 다소 실망했다. 한 번쯤

보고 싶어서 구도심과 다소 떨어진 장소임에도 찾아갔지만, 트램 역에서 내리니 웬 싸구려 철문과 파란색 작은 건물이 먼저 눈에 들어왔다. '건물은 멋지게 지어 놓고 저건 뭐지?' 하며 가까이 가보니, 심상치 않은 문임을 짐작할 수 있었다. STOCZNIA GDAŃSKA(그단스크 조선소)라고 크게 적혀 있는 흰색 간판과 철문은, 실제로 공산주의 시절 그단스크-레닌 조선소로 들어가는 검문소에 쓰였다. 삭막하기만 했던 철문에는 레닌이라는 글자 대신 노조를 상징하는 현수막이 걸렸다. 문 양쪽으로는 젊은 시절 반공산주의 운동에 앞장섰던 폴란드 출신 교황 요한 바오로 2세와, 나라의 수호신으로 추앙받는 검은 성모 마리아 초상이 자리했다.

이제는 이 문으로 불의에 맞서 싸우던 노동자들이 드나들지 않는다. 하지만 폴란드 민주주의를 열었던 개선문으로 폴란드 국민의 가슴 속에 당당히 남게 되었다.

그단스크-레닌 조선소 검문소는 폴란드 민주주의를 상징하는 문으로 탈바꿈했다.

도시가 소설이 될 수 있는 이유
그단스크 재건 사업

그단스크 중심에는 도심을 동서로 가르는 드우가 거리(Dluga street)가 있다. 드우가는 폴란드어로 '긴'이라는 뜻이다. 금문(Golden gate)에서 출발해 시청사를 거쳐 현재 박물관으로 쓰이고 있는 녹색문(Green gate)까지 약 500미터의 길은 아름답게 채색된 중세 건물로 가득하다. 넓으면서도 깔끔하게 정돈된 거리를 걷노라면 잘 구현된 영화 세트장에 온 것 같다. 그만큼 건물들의 조화가 뛰어나다.

앞서 말했듯이 그단스크는 세계대전 후 쑥대밭이 되었다. 지금 우리가 걷는 이 길에 있는 많은 건물은 1950년대부터 다시 만들었다. 가이드북이나 도시를 소개하는 웹사이트에는 복원했다는 사실만 쓰여 있어서, 관광객들은 도시 전체가 완벽히 예전 모습으로 돌아갔다고 착각하기도 한다. 인터넷에 올라온 감상

평을 보면 드우가 거리 복원을 두고 '완벽하게'나 '원형 그대로'
라는 수식어를 사용한 것이 종종 보인다. 하지만 과연 이게 맞는
걸까? 그 많은 건물 도면이 온전히 남아 있지도 않았을 텐데.

　두 차례 세계대전은 그단스크뿐만 아니라 유럽의 많은 도시
를 폐허로 만들었다. 이에 네덜란드 로테르담은 복원 대신 창조
와 혁신을 택했다. 1950년대에 이미 세계 최초의 차 없는 쇼핑
거리가 들어섰고, 도시는 현대의 삶과 미래를 반영한 실험적인
건축으로 채워졌다. 반면 그단스크는 복원을 택했다. 전쟁으로
상처받은 민족정신을 바로 세우고 잃어버린 영광을 되찾는 것
이 폴란드인에게는 무엇보다 중요했다. 직접적으로 보이는 건
축이야말로 가장 중요한 마중물이었다. 오랜 기간 꼼꼼하게 복
원 작업이 진행됐다. 폭격으로 부서진 건물의 조각 하나도 원래

드우가 거리에서 바라본 금문과 그 너머 성벽
요새로 쓰였던 감옥 타워. 타워의 존재감이 워낙
커 마치 금문과 연결된 것처럼 보인다.

자리로 돌아갈 수 있도록 노력했다. 최대한 예전대로 되돌리기 위해 온갖 방법을 동원했다. 화가들이 그린 풍경화와 스케치를 비롯하여 옛 풍경을 담은 작은 흔적이라도 있으면 샅샅이 조사해 반영했다. 다만 온전한 복원은 사실상 불가능했기에 몇 가지 원칙을 정했다.

첫째는 독일의 흔적을 말끔히 지워내는 것. 즉, 전쟁 직전이 아닌 18세기 이전으로 도시 모습을 되살리는 데 초점을 맞췄다. 19세기 이후 독일 영향을 받아 지은 건축은 복원 대상에서 제외했다. 대신, 빈자리는 플랑드르(현재 벨기에 북부와 네덜란드 남부에 해당하는 지역), 프랑스, 이탈리아 건축 양식으로 채웠다. 건축뿐만 아니라 거리 이름과 묘지에 새겨진 독일식 이름도 전부 폴란드어로 바꿨다. 그들에게 독일은 청산해야 할 대상이었다.

둘째는 전통에 대한 현대적 해석이었다. 건물을 예전 모습 그대로 복원하는 건 시대에 맞지 않다는 비판이 거셌다. 20세기의 삶을 굳이 오래된 양식에 불편하게 구겨 넣을 필요는 없었다. 특히 과거 집들은 좁고 긴 형태 때문에 채광이나 환기에 문제가 많았다. 첨예한 논쟁 끝에 절충안을 찾았다. 거리와 접한 외부는 옛 스타일을 유지하되, 내부는 현대식으로 개조하는 것이다.

네덜란드에 남아 있는 오래된 집 입면과 드우가 거리 풍경을 비교해 보자. 먼저, 둘은 모두 창이 좁고 길며 크다는 공통점이 있다. 하지만 눈에 띄는 다른 점이 하나 있다. 층고다. 네덜란드

네덜란드 암스테르담의 좁고 긴 건물(왼쪽)과 그단스크 구도심 건물(오른쪽). 창이 좁고 긴 집이라는 공통점이 있지만, 설계 방식은 완전히 다르다. 이 차이점에 그단스크 복원의 비밀이 숨어 있다.

집은 개별 건물마다 층 높이가 달라서 창 위치가 다른데, 그단스크 건물은 마치 복사해서 붙여넣은 것처럼 일정하다. 이는 설계 방식이 달라서 그렇다. 원래대로라면 네덜란드 집처럼 하나하나씩 만들었어야 했다. 그러나 현대식 건물 구조를 빌리면서 둘 또는 세 건물이 계단을 공유하게 되었다. 같은 계단을 쓰자 층 높이가 일정해졌고 창문 위치도 비슷해졌다. 집마다 따로따로 있던 계단을 하나로 통일하니 주거 공간에 여유가 생겼다. 여유가 생긴 건물 뒤편으로는 큼직한 공용 정원과 주차장이 들어섰다. 전보다 훨씬 삶의 질이 좋아졌다.

마지막 원칙은 어쩌면 가장 중요한 것이었다. 입면을 어떻게 처리할 것인가. 화려한 집으로 수놓아진 거리를 되살리는 것은

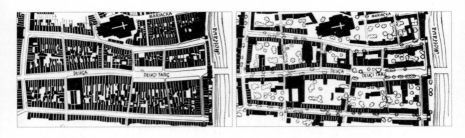

복원 전후의 그단스크 도시 조직. 블록 내부 공간이 넓어지면서 녹지가 조성되었다.

구도심 복원을 결정한 가장 큰 목적이었다. 문제는 사람의 기억력에 한계가 있듯 남아 있는 자료에도 한계가 있다는 점이었다. 사진과 그 밖의 자료로 파악할 수 있는 형태를 충실히 반영하되, 아무런 정보가 없는 건물은 장식이 배제된 기본적인 양식을 택했다. 구도심에서는 이따금 오래된 것이라 하기엔 디자인이 밋밋한 건물도 보이는데, 이는 과거를 추측할 수 있는 정보가 없거나 전쟁 전에는 독일 양식으로 지은 집이 있던 자리로 보면 된다. 실제로 완공 후 과거 그림을 발견해 새롭게 장식을 덧붙인 사례도 있다고 한다.

양식의 기준을 세웠으니 그다음은 올바른 색깔을 찾는 게 문제였다. 옛 분위기를 최대한 되살리기 위해 전문가들이 모여 중세 거리 모습이 담긴 그림을 찾아 샅샅이 분석했다. 그렇게 입면 재료와 색깔을 결정하는 기준을 세우고 적용한 것이 오늘날 우리가 보는 그단스크 구도심 거리다.

단, 드우가 거리 초입의 웁하겐 하우스(Uphagen's House)는 다

전쟁 전 공간 구조대로 복원한 움하겐하우스.
그단스크 황금기를 엿볼 수 있다.

른 건물과 달리 예전 공간 구조 그대로 복원했다. 이곳은 18세기에 활동한 부유한 상인 요한 움하겐의 집으로, 방마다 다른 주제로 꾸민 것이 특징이다. 안에 비치된 가구나 장식들도 다행히 전쟁 전 다른 곳으로 옮겨져서 이곳에 살았던 사람들의 삶이 온전히 담겨 있다. 중국, 그리스, 로마 등 다양한 나라의 양식으로 꾸며진 방과 그단스크에서 생산된 가구와 식기로 차 있는 공간은 작은 궁전을 방불케 한다.

이는 당시 어떤 나라와 거래했고, 가구 기술자들의 수준은 어느 정도였는지 짐작하게 한다. 1층 주방 맞은편, 작은 우물이 놓인 마당은 좁고 긴 집에서 만들 수 있었던 안락한 외부 공간의 예다. 여기서 식구들은 담장 위로 하늘거리는 나무 그림자를 보며 따뜻하고 여유로운 식사를 즐겼으리라.

드우가 거리 말고도 그단스크 구도심에는 특색 있는 작은 길이 많다. 세계에서 가장 높은 벽돌 성당 중 하나로 알려진 성모 승천 대성당 뒤에서 항구까지 뻗어있는 마리아츠카(Mariacka) 거리는 섬세하면서도 아기자기하다. 전쟁으로 많은 집이 파괴되었지만 이 거리의 페론(perron, 집 앞 현관 계단)들은 잘 남아 있다. 현재는 호박 보석을 파는 가게와 카페가 옹기종기 모여 있는데, 페론의 화려한 장식과 어우러지며 중세의 고급스러운 풍경을 떠오르게 한다. 한편, 전쟁 후 파괴된 모습을 그대로 남긴 장소도 있다. 마리아츠카 거리 북쪽에 위치한 성령 거리의 한편에는, 이곳에 집이 있었으리라 추측할 수 있는 기초석들과 부서진 페론만이 지나간 한 시대를 묵묵히 기록하고 있다.

잘 정돈된 마리아츠카 거리. 비석처럼 생긴 페론의 화려한 장식이 눈길을 사로잡는다.

그단스크는 지금도 재건 작업을 하고 있다. 모트와바강 맞은 편에 전쟁으로 폐허가 된 지역은 여전히 재탄생을 기다리고 있다. 디자인에 옳고 그름은 없다. 다만 어떤 철학이 있느냐는 매우 중요하다. 생각이 담겨 있지 않은 결과는 모래성에 불과하다. 얕은 파도에도 무너지기 마련이다. 그단스크 재건 결과를 복원의 긍정적인 사례로만 말할 수 있을까. 어쩌면 오래가는 영화 세트장을 지은 건지도 모른다. 좋고 나쁨을 판단하는 건 거주자와 관찰자의 몫이다.

우리가 생각해 봐야 할 것은,
역사가 담긴 도시를 진중하게 대하며
서두르지 않고 임한 복원 과정이다.

건물이 왜 반쪽밖에 없죠?
모트와바강 크레인

드우가 거리를 거쳐 시장을 지나면
녹색문이 나타난다. 16세기 중반 네
덜란드 건축가가 설계한 이 건물에
는 당시 유행한 스타일이 깊게 배어
있다. 몇 차례 보수를 거치면서 디자
인이 조금 달라졌지만, 이 건물 설계
에 큰 영향을 미쳤다는 벨기에 앤트
워프(Antwerp) 시청사와 입면을 비교

옛 그림 속 벨기에 앤트워프 시청사.

해 보면 전체적인 구성 방식이 비슷하다. 두 지역의 물리적 거리
와 16세기라는 시대적 상황을 고려하면, 당시 빠르게 외국 문물
이 드나들던 그단스크의 위상을 짐작해 볼 수 있다.

플랑드르 스타일의 녹색문. 이때 녹색은 문 밖에 강을 잇는 다리의 돌이 녹색을 띤 데서 비롯되었다.

건물을 바라보며 녹색문이라는 이름을 떠올리면 뭔가 어색하다. 드우가 거리 반대편에 위치한 금문은 금색 장식으로 꾸며져 있고 왕이 걷던 길을 상징하기에, 이름을 들었을 때 고개가 끄덕여진다. 그러나 이 녹색문이라는 명칭은 대체 어디서 유래한 걸까? 건물 어디에도 힌트가 보이지 않는데.

비밀은 문 밖에 있었다. 게이트를 지나면 드우가 거리와 비스파 스피초 섬을 잇는 다리가 나타난다. 이 다리 이름이 바로 녹색교(Green Bridge)다. 녹색문이 들어서기 직전에 만든 다리로, 다리를 구성하는 돌이 녹색빛을 띤 데서 유래했다. 드우가 거리와 직접 연결되었으니 개통 당시부터 상당히 주목받았을 것이다. 이듬해 지어지기 시작한 게이트가 녹색문으로 불리게 된 것은 어쩌면 자연스러운 일이었을지도 모른다.

안타깝게도 수차례 보수 공사로 현재는 예전 모습을 찾아볼 수 없다. 녹색도 이제는 옛 문헌 속 글자로만 존재한다. 처음에는 큰 배들이 지나다닐 수 있도록 들어 올려지는 도개교로 설계되었다고 전해지나, 이야기를 듣기 전에는 그 흔적조차 찾기 힘들 정도로 모습이 많이 바뀌었다. 하지만 녹색교는 그단스크를 방문하는 사람들에게는 반드시 들러야 할, 빼놓을 수 없는 유명한 장소임은 틀림없다. 다리 위에서 모트와바강을 바라본 모습이 도시를 대표하는 장면이기 때문이다.

다리 위에 서서 저 멀리 소실점으로 사라져 가는 주변 풍경을 바라보는 것만큼 흔한 광경도 없다. 그럼에도 이 장면을 사랑할 수밖에 없는 이유는 분명하다. 시선을 지배하고 있던 단단한 땅이 부드러운 강물로 바뀌면서 마음에는 편안함이 찾아오기 때문이다. 물론 강변 풍경도 무시할 수 없다. 어딜 가나 비슷한 모습이어도 주변 환경이 조금씩 다르기에 어떤 장면은 특별히 마음을 잡아끈다. 그런 의미에서 모트와바강 위로 펼쳐진 그단스크를 보면 저 멀리 시선을 집중하게 만드는 건물이 있다. 마치 반이 잘려 나간듯한 외형. 옛 건물 같아 보이면서도 그렇지 않은 묘한 구조. 어딘가 공사 중인 것만 같은 이 건물의 정체는 다름

녹색교를 지나 모트와바강을 따라 걸었다. 저 멀리 지붕이 댕강 잘린 듯한 건물이 보였다.

아닌 거대한 도르래다.

그단스크는 중세 시대 전형적인 항구 도시답게 강이 흐르는 방향과 수직으로 길이 발달해 있다. 도시 중심으로 물건을 쉽고 빠르게 나르기 위해서다. 앞서 말한 웁하겐 하우스나 플랑드르 스타일의 건물을 보고 있으면 그단스크에서 얼마나 많은 교역이 이뤄졌는지 가늠할 수 있다. 수많은 배가 드나들며 분주히 사람과 물자가 움직였으리라. 하지만 항구에 정박한 무역선의 짐을 어떻게 효율적으로 땅 위로 옮길 수 있었을까? 사람이 일일이 실어 나르기에도 분명 한계가 있었을 텐데. 이를 도와주던 게 강변 중앙에 있는 크레인이다.

강을 향해 머리가 툭 튀어나온 이 건물 안에는 직경 6미터나 되는 거대한 나무 도르래 두 개가 숨어 있다. 즉, 어디서도 보기 힘든 이런 건물은 도르래를 외부로부터 보호하기 위해 만들어진 것이다. 한때 세계에서 가장 큰 크레인이었다는 말이 실감날 정도로, 가까이 가서 보면 거대한 크기에 한 번 더 놀란다. 최대 4톤의 무게를 11미터 높이까지 들어 올릴 수 있었다고 한다.

게이트 한편에는 도르래 안으로 향하는 입구가 있다. 문 위에 걸려 있는 안내판에는 건물의 간략한 역사가 적혀 있는데, 이에 따르면 14세기 중엽 그러니까 우리나라로 치면 고려가 쇠하고 조선이 움틀 시절부터 이 자리를 굳건히 지키고 있었다. 1442년 화재로 소실되고 재건된 뒤 19세기 중반까지 작동을 멈추지 않았다고 하니, 무역 황금기와 도시 전체 역사를 대표하는 문화재

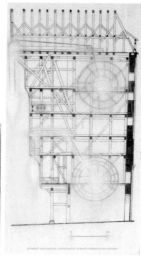

거대한 위용을 뽐내는 크레인. 내부에 직경 6미터짜리 거대한 나무 도르래가 있다.

인 셈이다. 우리나라로 치면 크레인 역할을 한 숭례문이었다고 나 할까?

기술 발달로 선박이 커지면서 그단스크 항구도 수심이 얕은 강에서 바다 쪽으로 옮겨졌다. 크레인 건물도 쓰임새를 잃고 한 동안 작동을 멈췄다가 전쟁 이후 폴란드 해양박물관 부속 건물 로 귀속되었다. 이제 모트와바강 근처에는 전처럼 짐을 싣고 나 르는 광경을 찾을 수 없다. 창고는 레스토랑으로, 박물관으로 새 옷을 갈아입었다. 중세 시절 모습 그대로 꾸며진 선박들은 물건

대신 관광객들을 강 위로 안내한다. 잘 보전된 얼굴로 그단스크 황금기로 안내하는 강변 모습. 도시가 소설이 될 수 있는 이유가 여기 있다.

관광객을 태운 배는
그단스크의 과거로 시간 여행을 떠나게 해준다.

함께 늙어간다는 것의 의미
성 캐서린 성당

여행 중에 사람들과 이야기를 주고받다 보면 꽤 많은 이가 떠올리는 것이 있다. 오래전부터 만남을 고대했던 파리 에펠탑이나 로마 콜로세움보다 길을 잃고 우연히 들어간 어느 카페가 기억 속에 선명히 남아 있다는 것이다. 아메리카노 위에 내려지던 한가한 오후 3시 빛줄기, 찻잔 부딪치는 소리, 사람들의 소곤거림, 그 모두가 어우러진 작은 공간. 낯선 순간에 맞이하는 우연한 여유로움이 때로는 특별한 기억을 남긴다.

그단스크를 둘러볼 당시, 성 캐서린 성당(St. Catherine's Church)은 미리 만들어 둔 리스트에 없었다. 기차역으로 가는 길에 시간이 남아 잠시 들른 성당이다. 이제 막 공사가 끝난 느낌. 습관처럼 안내원에게 책자를 받고 들어선 예배당 입구에서 한동안 발걸음이 멈추었던 건, 그다음 일이었다.

유럽 교회나 성당을 생각하면 무엇이 가장 먼저 떠오르는가. 고개를 절로 들게 만드는 높은 천장 혹은 엄격한 비례미가 전하는 성스러운 분위기가 생각나기도 한다. 아름답게 장식된 스테인드글라스도 빠질 수 없다. 하지만 눈앞에 펼쳐진 성 캐서린 성당은 일반적인 이미지와 너무나도 달랐다. 여기저기 벗겨진 회벽, 색이 바랜 벽돌, 비례에서 한참 벗어난 지붕은 언뜻 보아도 건물의 역사가 순탄치 않음을 보여 주고 있었다.

성당의 역사는 무려 천 년 가까이 거슬러 올라간다. 최초 기록에 따르면 1185년부터 이 자리에 목조 건물로 존재했고 현재 모습은 15세기 중엽에 갖춰졌다. 루터의 종교 개혁이 유럽을 휩쓸 무렵인 1545년부터 프로테스탄트 교회(개신교)로 운영되다가 제2차 세계대전 종전 후에는 로마 가톨릭 성당(천주교)으로 이어져 내려오고 있다.

그런데 규모나 크기는 유구한 역사에 비해 대단하지 않다. 바로크 양식으로 디자인된 종탑을 포함하면 높이가 76미터이며, 길이 61.5미터, 너비도 평균 30미터인 중규모 종교 건물이다. 이 성당의 특이한 점은 유난히 재해를 많이 입었다는 사실이다. 지리적 요충지에 자리 잡고 있어 항상 표적이 되었을뿐더러 폭풍과 화재로 여러 차례 소실되고 복구되기를

아무 일도 겪지 않은 것처럼, 성당 주변은 고요했다.

성당 내부는 쉽게 상상할 수 있는 모습과 너무 달랐다. 언뜻 보아도 건물의 역사가 순탄치
않음을 보여 준다.

반복했다. 심지어 가장 최근인 2006년 화재는 제2차 세계대전
후 애써 복원한 지붕마저 삼켜 버렸다.

  성당은 완벽한 모습을 갖추고 있지 않았다. 초라해 보이기까
지 했다. 어떤 벽은 훼손된 모습이 그대로 남아 있다. 화재로 약
해진 구조를 보강하기 위해 스테인드글라스 창문이 있던 자리
는 벽돌로 메워졌다. 고문헌과 그림을 뒤져가며 완벽하게 예전
모습으로 되돌리려 했던 구도심 복원 프로젝트와는 너무나도
다른 모습이다. 원래 모습을 재현하기보다 최대한 남은 구조를
활용해 공간을 살리는 방식을 선택했다.

  처음부터 이런 목적으로 재건한 건 아니다. 제한된 예산으로

디자인해야 했던 고민의 자취로 봐야 한다. 굳이 말하자면 리모델링에 가깝다고 할까? 하지만 얼기설기 난 흉터가 한 공간 안에 뒤섞인 모습이 나에게는 묘한 울림으로 다가왔다.

　우리는 때때로 공감의 순간을 마주한다. 우연히 펼친 책의 한 문장에 마음이 머물기도 하고, 드라마 속 주인공의 대사에 울음을 터뜨리기도 한다. 그것은 우리가 평소 생각하고 있던 어떤 지점이 적확한 모습을 만났을 때 일어나는 일이다. 또한, 그 속에서 자기 자신을 발견하기 때문이다. 성 캐서린 성당에서 발견한 것은 평범한 사람들이 살아가는 삶의 모습이었다. 건물도 결국 사람이다. 태어나고 성장하며 이런저런 일을 겪는다. 인생이 주름 위에 새겨지듯, 공간의 역사도 건물 곳곳에 흔적을 남긴다. 다만 건물은 시간이 어느 정도 흐르면 리모델링을 통해 새로운 옷을 입거나 사회·경제적인 이유로 수명을 다한다. 하지만 성 캐서린 성당은 조금 달랐다. 오랜 시간을 걸쳐 쌓인 풍파가 꾸밈없이 나타나 있었다. 예스러움은 세월의 때가 낀 채 조금 낡은 그대로 남았고, 수술로 꿰맨 자국은 자국대로 정직하게 스몄다.

　화려하거나 극도로 절제된 것만이 장식은 아니다. 우리가 살아가는 모습이 꾸밈없이 투영된 공간도 훌륭한 장식이다. 투박하게 재건된 이곳은 닿을 수 없는 절대자에게 기도하며 안식을 구하는 성당이라기보다, 다친 마음을 보여 주며 옆에서 서로 토닥일 수 있는 위로와 공감으로 가득한 성전이었다.

오랜 시간의 풍파가 공간 곳곳에 남아 있다.
세월의 흔적은 조금 낡은 그대로 정직하게 스며들었다.

먼저 간 사람을 기억하는 방식
잃어버린 묘지를 위한 묘지

몇 해 전 할아버지가 돌아가셨을 때 찾았던 화장장이 좀처럼 잊히지 않는다. 슬픈 사람들로 붐비는 로비와 여기저기서 터져 나오는 곡소리는 둘째 치더라도 가장 충격적이었던 건 대기실이다. 유족들은 한쪽 벽에 설치된 전광판을 하염없이 바라보며 망자의 이름이 뜨길 기다렸다. 고인의 이름 옆에 화장 소요시간이 나란히 적혔다. 허망함이 밀려왔다. 과연 죽음이 이런 것일까. 한 사람의 죽음이 이렇게 번호표 받듯 처리되어야 하는 것일까.

네덜란드에서 석사 졸업을 준비할 무렵 같은 스튜디오에 있던 친구는 설계 주제로 묘지를 택했다. 묘지 위치는 뜻밖에도 주거지 한가운데였다. 게다가 안에 작은 화장장도 설치했다. 나로서는 선뜻 받아들이기 어려운 주제였다. 묘지는 그럴 수 있다 쳐도 내가 사는 곳 옆에 화장장이 있다니. 하지만 삶과 죽음의 경계와 철학을 멋지게 다룬 그 친구는 좋은 평가를 받고 학교를 졸업했다.

묘지는 삶에서 어떤 의미일까? 우리나라는 대부분 장례 시설이 도시와 멀리 떨어져 있다. 삶과 죽음이 분명히 나뉜다. 화장이 일반화된 최근에는 추모 공원 형식으로 바뀌고 있지만, 공원이라는 이름만 빌려왔을 뿐 여전히 혐오 시설로 여겨진다. 반면 유럽은 조금 다르다. 도시 안에 공원의 한 형태로 존재한다. 일 년에 한두 번 정도 찾아가는 곳이 아니라 일상에 녹아있다. 살아생전 공원에서 휴식을 취하던 시민들은 같은 공간에서 영원한 휴식을 맞는다. 시대를 넘어 죽은 자와 산 자가 한 공간을 공유한다.

그단스크 중앙역 뒤에는 도시를 한눈에 내려다볼 수 있는 야트막한 언덕이 있다. 평범한 공원처럼 보이는 이곳 어귀에는 다른 어떤 곳에서도 볼 수 없는 특별한 묘지가 있다. 바로 '잃어버린 묘지를 위한 묘지(Cemetery of Lost Cemeteries)'다.

1998년 5월, 그단스크 시 의회는 조금 특별한 설계 공모전을 열었다. 도시 속에 존재했던 스물일곱 곳의 네크로폴리스를 기리는 기념 공원이 주제였다. 네크로폴리스는 고대 도시 가까이에 있는 묘지를 뜻하는 고고학 용어다. 그리스어로 '사자(死者, 죽은 사람)의 도시'라는 의미도 있다. 제2차 세계대전이 일어나기 전, 그단스크가 온전한 옛 모습을 간직하고 있던 시기에는 도시 안에 스물일곱 곳의 크고 작은 공동묘지가 있었다. 하지만 전쟁은 집은 물론 무덤까지 삼켜 버렸다. 히틀러에게 점령당한 뒤 도시 밖으로 추방되었다가 전쟁이 끝나고 돌아오기 시작한 폴란드 사람들은 그나마 남아 있던 공원 안 비석마저 파괴했다. 묘비에 독일어가 써 있다는 이유였다. 게다가 전쟁 후 늘어난 시민들을 수용하기 위해 도시가 확장되기 시작하면서 버려진 묘지들이 불도저에 밀려 사라져 버렸다. 옛사람들의 공간, 죽은 자의 도시는 그렇게 잊혀 갔다.

시간이 지나고 그단스크가 안정기에 접어들었을 무렵, 시민들은 예전의 도시 풍경을 돌아보기 시작했다. 사라진 묘지 공원들을 떠올리는 건 자연스러웠다. 그들에게 무덤은 삶과 함께한 장소였기 때문이다. 그렇게 도시 역사를 살리는 움직임 속에서 죽은 자의 도시를 복원하자는 이야기가 흘러나왔다.

수많은 설계안 가운데 선정된 작품은 폴란드 건축가 야첵 크렌츠(Jacek Krenz)의 디자인이다. 시인이자 소설가인 아내와 한 팀을 이룬 그는 기념 공원이 사회적 지위, 인종, 국적, 종교를 넘어 지난 역사를 위로하는 하나의 성전이 되기를 희망했다. 지면 위에 우뚝 솟은 일반적인 기념비를 만드는 대신, 공원에 귀속된 작은 야외 성전을 떠올렸다.

공원 입구에 들어서면 실제로 성당이 가장 먼저 떠오른다. 제단을 향해 양옆으로 드리워진 아름드리 나무들은 건물을 떠받

건축가 크렌츠의 설계안으로 만든 모형. 우뚝 솟은 일반적인 기념비 대신 공원에 귀속된 작은 야외 성전을 만들고자 했다.

치는 기둥을 상징한다. 나무가 들어 가야 할 자리 일부는 세로로 틈이 벌 어진 석재 기둥이 대신하고 있다. 고 목을 상징한다는 기둥 사이로 조명 이 설치되어 짙은 어둠이 내리면 빛 을 밝힌다. 맑은 날에는 자라나는 나 무들이 햇빛을 가리고, 어둠이 깔린 밤에는 죽은 나무 사이로 생명의 빛

이 흘러나온다. 삶과 죽음이 한 공간을 공유하며 대화를 나눈다. 먼저 간 사람들이 있기에 우리가 지금 이 땅 위에 있다는, 그래 서 그들을 잊으면 안 된다는 당연하지만 잊기 쉬운 진리를 보여 주려 했던 것이 아닐까?

제단으로 향하는 길에는 화강암을 얇고 넓게 깎아 만든 박석

주변 환경과의 조화를 고려한 풍광. 삶과 죽음이 한 공간에서 자연과 어우러진다.

이 깔려 있다. 박석은 예부터 동서양을 막론하고 많이 쓰이는 조경 재료 중 하나였다. 특히 우리나라에서는 궁궐에서 그 쓰임이 두드러지는데, 경복궁 근정전 앞 전정과 종묘 월대에 깔린 박석은 그 우수성이 널리 알려져 있다. 단단하면서도 울퉁불퉁한 표면은 햇빛을 난반사해 눈부심을 덜어주며, 자연 그대로의 모습을 간직하고 있어 건물과 주변 환경을 부드럽게 이어준다.

　그렇다면 이 공원에서 박석은 어떤 이유로 쓰였을까? 다양한 모양의 돌들은 전쟁과 개발로 사라진 이름 없는 묘를 상징한다. 박석은 제단 기초에 이르러 실제 남겨진 비석 조각들로 환원된다. 이 땅에 살았지만 이름 없이 사라진 시민들을 추모하는 공간을 거쳐, 제멋대로 조각난 비석들이 힘겹게 떠받치고 있는 제단,

그 위의 몇 송이 꽃을 바라보고 있자니 절로 마음이 숙연해진다.

고개를 들어 바라본 제단 앞으로는 햇살 머금은 푸른 언덕이 펼쳐져 있다. 저 멀리 언덕 위에 우뚝 솟아있는 밀레니엄 크로스와 어우러지며 어떤 인위적인 제대들보다 경건하면서도 차분한 분위기를 연출한다. 나는 종교를 가지고 있지는 않지만, 종교의 유무를 떠나 신성한 공간이 주는 의미는 분명히 있다고 생각한다. 잃어버린 묘지를 위한 묘지는 우리가 살아가는 이 도시에 죽음과 삶이 어떠한 모습으로 기록되어야 하는지 훌륭히 보여 주고 있다.

그단스크는 도시 복원 과정도 흥미로웠지만, 도시를 떠나기 전 우연히 만난 마지막 두 건물이 큰 깨달음을 준다. 많은 건축과 도시 조직이 경제 논리에 따라 사라져간다. 모든 장면을 애처롭게 볼 필요는 없겠으나, 어느 하나라도 쉬이 사라지는 일은 없어야 할 것이다. 그단스크 시민들이 도시를 예전 모습으로 복원한 건 거창한 의미를 뒤로하더라도, 함께 울고 웃으며 살던 기억을 이어 가고픈 마음이 있었기 때문이다. 건축은 단절된 시간을 기억으로 잇는 마중물이다.

Slovenia,
Ljubljana
슬로베니아,
류블랴나

구두 수선공의 다리 Čevljarski most
삼중교 Tromostovje
성 프란체스코 성당 Frančiškanska cerkev
슬로베니아 국립+대학 도서관 Narodna in univerzitetna knjižnica
신광장 Novi trg
프레셰렌 광장 Prešernov trg

Netherlands,
Hilversum
네덜란드,
힐베르쉼

네덜란드 시청각 연구소 Nederlands Instituut voor Beeld en Geluid
빌라 브이피알오 Villa VPRO
햇빛요양원 Sanatorium Zonnestraal
힐베르쉼 시청사 Raadhuis van Hilversum

Latvia,
Riga
라트비아,
리가

검은 머리 전당 Melngalvju nams
라트비아 국립 도서관 Latvijas Nacionālā bibliotēka
리가 중앙 시장 Rīgas Centrāltirgus
바스티온 언덕 공원 Kanālmalas apstādījumi
성 베드로 교회 Rīgas Svētā Pētera baznīca
알베르타 거리 Alberta iela
필제타스 운하 Pilsētas Kanāls

2부.
안목과 애정이 깃들면

건축이 그린 도시

Slovenia,
Ljubljana

한 사람의 의지가 바꾼 도시

류블랴나성.

겨울을 맞은 류블라나 곳곳에는 조명이 수놓아져다.

플레츠니크 하우스.

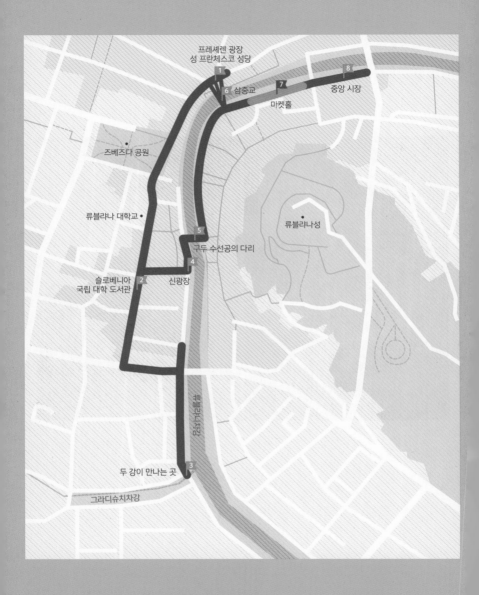

프레셰렌 광장
성 프란체스코 성당
1
6 삼중교
마켓홀
7
중앙 시장
8

즈베즈다 공원

류블랴나 대학교

류블랴나성

5
구두 수선공의 다리
4
신광장

슬로베니아
국립 대학 도서관
2

류블랴나차강

3
두 강이 만나는 곳

그라디슈치차강

건축가의 애정이 도시 곳곳에

사랑이 깃든 프레셰렌 광장에서 출발해 남쪽으로 내려가다 보면 슬로베니아 국립 대학
도서관을 만난다. 초코칩 쿠키 같은 건물을 뒤로하고 아랫길로 가면 강변을 따라 펼쳐진
제방을 만난다. 윗길을 선택한다면 류블랴나 성을 곁에 두고 삼중교와 마켓홀, 중앙 시장으로
갈 수 있다.

이야기의 시작
프레셰렌 광장

슬로베니아의 수도 류블랴나(Ljubljana). 발음하기 어려운 만큼 그곳으로 가는 길 또한 유럽 안에서도 꽤 불편하다. 국토 대부분이 내륙에 속한 나라여서 언뜻 보기엔 쉽게 접근할 수 있을 것 같지만, 직항편 비행기도 적고 동유럽의 유명한 관광 도시에서 비교적 멀리 떨어져 있다. 실제로 도시를 돌아다니다 보면 오스트리아 비엔나나 크로아티아 자그레브(Zagreb)에서 흔히 볼 수 있는 아시아 관광객을 찾기 힘들다. 유럽에 오래 머무른 사람들이라면 모를까, 정해진 시간 내에 많은 도시를 소화해야 하는 대부분의 여행자 입장에서는 일정에 넣기 어려운 곳이다. 하지만 숨어 있는 도시, 방문하기 어려운 도시라고만 말하기에는 독특한 매력으로 가득 차 있는 곳이 바로 인구 28만 명의 작은 수도 류블랴나다.

류블랴나 중심에는 다섯 갈래의 길이 한데 모이는 광장이 있다. 바로 프레셰렌이다. 광장 한편에 슬로베니아 민족시인이자 서정시인 프란체 프레셰렌(France Prešeren)의 동상이 있다. 프레셰렌은 슬로베니아 사람들이 가장 사랑하고 존경하는 시인이다. 합스부르크 왕가의 지배를 받던 19세기 초, 그는 글로 민족정신을 일깨우고 독립의 희망을 이야기했다. 투쟁심 어린 시 〈축배(Zdravljica)〉는 슬로베니아 국가 노랫말이 되었다. 하지만 어딘가를 지그시 바라보고 있는 프레셰렌의 눈은 한없이 우수로 가득 차 있다. 무슨 일인 걸까?

시인이자 법률가인 프레셰렌은 1833년, 트르노보 교회에서 운명의 여인을 만난다. 그녀의 이름은 율리아 프리믹. 첫눈에 반한 프레셰렌은 이후 그녀에게 끊임없는 구애의 편지를 보낸다. 하지만 집안 반대와 신분 차이로 사랑은 이루어질 수 없었고, 상

광장은 늘 많은 사람들로 북적이지만, 그중에서 가장 눈에 띄는 건 프레셰렌의 동상이다.

실감에 젖은 프레셰렌은 이후 수많은 시를 써 내려갔다. 그의 시는 실연의 슬픔과 나라 잃은 상황을 절묘하게 표현하고 있다.

나의 시가, 성지와 같이 품게 해 주오, 당신의 이름을
나의 가슴속에 가장 자랑스럽게 가득한, 당신의 이름을
우리 민족이 동과 서에서,
즐거운 선율의 메아리로 듣게 해 주오, 당신의 이름을
〈가젤(Gazelle)〉에서

알 수 없는 슬픔을 간직한 그의 시선의 끝을 따라가 보니 한 건물 외벽에 여인의 흉상이 붙어있었다. 그녀는 다름 아닌 율리아. 비록 이루어질 수 없는 사랑이었지만, 여전히 프레셰렌의 눈은 그녀를 향하고 있다.

프레셰렌의 시선을 따라갔다. 그 끝에는 이루어지지 못한 사랑, 율리아가 있다.

안타까운 사랑 이야기를 뒤로 한 채 발걸음을 옮겨보니, 조금 색다른 분위기의 건물들이 광장을 에워싸고 있었다. 일반적으로 유럽의 구도심을 생각하면 중세 바로크나 르네상스 양식의 건물이 떠오른다. 하지만 프레셰렌 광장에 서 있으면 현재와 멀지 않은 시간에 와 있는 기분이 든다. 은은한 분홍빛이 감도는 교회, 20세기 초 오스트리아 비엔나를 중심으로 유행한 건축 스타일을 간직한 건물들 그리고 세계 어디에서도 찾아보기 힘든 독특한 다리에 이르기까지. 중세에 덧씌워진 현대 감각이랄까.

1895년 4월 14일, 평화롭기만 했던 부활절 저녁. 류블랴나에 전례 없던 리히터 규모 6.1의 강진이 발생했다. 훗날 '부활절 지진'으로 명명된 이 자연재해로 도시 건물 전체의 10퍼센트가 부서졌다. 특히 프레셰렌 광장 주변이 심각하게 파괴되어 도시 체계를 다시 정비해야 하는 상황에 이르렀다. 당시 시장이었던 이반 흐리바는 막스 파비니를 총괄 도시계획가로 선정하고 각종 기반시설과 건물을 현대적인 모습으로 재건했다. 불과 스무 해 동안 류블랴나에는 4백 채가 넘는 새로운 건물이 지어졌다. 많은 건물이 당시 유행하던 오스트리아 제체시온(Secession) 스타일로 꾸며졌는데, 기존 양식을 타파하고 진보적인 예

1895년 부활절 저녁, 강진으로 류블랴나
도심은 심각한 피해를 입었다.

술을 지향한 만큼 재질, 구조, 형태 면에서 새로운 시도가 이어졌다. 프레셰렌 광장에서 눈에 띄는 건물인 갤러리아 엠포리움(Galerija Emporium)도 이 시기에 건설되었다.

이 건물은 1903년 문을 연 류블랴나 최초의 백화점이다. 백년 세월이 무색할 정도로 처음 모습을 간직하고 있다. 특히 철과 유리로 장식된 백화점 입구 반원형 지붕은 이 건물이 지어진 시대와 건물의 정체성을 잘 보여 준다. 1900년대 초 산업혁명 이후 각종 건축 재료들이 대량생산되면서, 이전까지 돌로만 건물을 만들던 건축계에도 큰 변화가 일어났다. 철이 적극적으로 쓰이기 시작했고, 장식을 바라보는 시각이 근본적으로 달라졌다.

류블랴나 최초의 백화점 갤러리아 엠포리움. 아르누보 스타일이 돋보인다.

이 백화점을 설계한 프리드리히 지그문트와 설립자 필릭스 어반쉬는 당시 유럽 곳곳에서 유행하던 아르누보 스타일로 건물을 꾸몄다. 담쟁이 넝쿨처럼 벽에서 솟아오른 얇은 철제 구조는 우아한 유리 나뭇잎을 지탱하면서 자칫 육중해 보일 수 있는 건물 분위기를 잡아준다. 아울러 이 백화점에는 미처 못 보고 지나칠 수 있는 재미있는 디자인이 하나 숨어 있다. 고개를 들어 옥상을 바라보면 근사하게 조각된 상인들의 수호신 머큐리가 류블랴나의 하늘을 바라보고 있다. 그런데 왼쪽 발아래, 한 사람의 얼굴이 더 새겨져 있는 걸 볼 수 있는데, 바로 설립자 어반쉬의 얼굴이다. 프레셰렌이 율리아를 영원히 바라보게 되었듯, 오늘도 어반쉬는 백화점으로 들어오는 손님들을 수호신의 발아래에서 흐뭇하게 지켜보고 있다.

시선을 왼쪽으로 향하면 이 광장에서 가장 오랜 기간 자리하고 있었던 성 프란체스코 성당(Franciscan Church of the Annunciation)이 눈에 들어온다. 17세기 무렵부터 광장을 지키고 있는 이 성당의 백미는 다름 아닌 색이다. 짙은 분홍빛 입면이 자칫 단조롭고 산만할 수 있는 광장에 포인트를 주며 구심점 역할을 한다. 실제로 이 색은 프란체스코회를 상징하는 것으로, 예전부터 내려오던 모습이 남아 있는 것이라 한다. 한 나라의 수도를 대표하는 성당이라고 하기에는 소박해 보일 수도 있지만 이 성당이 없었더라면, 그리고 분홍색이 아니라 주변 건물처럼 연한 회색이었다면 이 광장은 그저 다섯 길이 만나는 로터리에 지나지 않았을지도

모른다.

성당 정면 계단에 올라서서 반대편을 바라보면 광장 한 편으로 흐르고 있는 류블랴니차강 위에 다소 특이한 다리가 놓여 있다. 하나도 둘도 아니다. 무려 세 개의 다리가 서로 좁은 간격을 유지한 채 강 위를 가로지른다. 어떻게 이런 독특한 디자인과 구조를 지닌 다리가 생겨난 걸까. 이 비밀을 알기 위해 먼저 알고 가야 할 사람이 있다. 삼중교를 설계한 건축가 요제 플레츠니크 (Jože Plečnik)다.

류블랴나의 가우디
요제 플레츠니크

플레츠니크에 대한 자세한 정보를 얻고자 류블랴나 관광 안내 센터로 향했다. 문을 여는 순간 만난 것은 플레츠니크의 전신 입간판이었다. 이런 문장이 쓰여 있었다.

"바르셀로나에 가우디가 있다면, 류블랴나에는 플레츠니크가 있다."

근대 이전 건축이 양식으로 대표된다면, 스페인의 건축가 안토니 가우디(Antoni Gaudi)는 자기 자신만의 언어로 새로운 시대 흐름 속에서 건축 철학을 보여 준 사람이다. 작업이 워낙 독특하고 바르셀로나에 많이 남아 있기에 우리는 가우디를 바르셀로나를 대표하는 건축가이자 하나의 문화로 인식한다. 그렇다면 플레츠니크가 어떤 일을 했고 무슨 철학으로 도시를 그려냈기에 가우디에 비견되는 걸까?

플레츠니크의 건축 여정은 비엔나에서 시작한다. 그는 류블랴나에서 태어나 열여섯 살부터 오스트리아 그라츠에서 가구 디자인을 시작했다. 그러던 중 운명적으로 비엔나에서 당시 새로운 예술을 이끌던 건축가 오토 바그너(Otto Wagner)의 전시를 접한다. 플레츠니크는 그의 작품에 매료되었다. 각고의 노력 끝에 바그너 앞에서 자신의 작업을 발표할 기회를 잡았고, 그의 작업에 깊은 인상을 받은 바그너는 사무실에서 함께 일하기를 제안한다. 가구 디자이너 플레츠니크는 그렇게 건축가로 첫발을 딛는다.

하지만 가구를 주로 만들던 그에게 건축 설계는 쉬운 일이 아니었다. 일 년 정도 사무실에서 일을 하던 플레츠니크는 1895년 스물넷의 나이에 바그너가 교수로 있던 비엔나 미술학교에 입학한다. 플레츠니크는 스승 바그너를 비롯해 건축에서 장식의 의미를 넓혔다고 평가받는 고트프리트 젬퍼(Gottfried Semper)의 이론에서 큰 영향을 받았다.

졸업 후 1901년, 플레츠니크는 마침내 자기 이름을 건 건축사무소를 연다. 비엔나에서 십 년 남짓 활동하며 남긴 작품 중에는 유럽 근대 건축을 개척했다고 평가받는 자헐하우스(Zacherlhaus)를 비롯하여 오스트리아-헝가리 제국 최초로 현장 콘크리트

타설법으로 완성된 오타크링 성신 교회 (Church of Holy Spirit in Ottakring)가 있다.

1911년, 프라하 수공예대학 교수로 임명되면서 활동 영역을 프라하로 옮긴 플레츠니크는 그곳에서 프라하성 리노베이션 프로젝트 수석 건축가로 활동한다. 1920년부터 1934년까지 성 내부 정원을 비롯하여 성곽을 아우르는 도시계획까지 담당하면서 프라하성이 현재 모습을 갖추는 데 기여했다. 가구 디자이너에서 시작한 이력은 인테리어와 건축을 거쳐 도시계획까지 외연을 넓혔고, 마침내 오스트리아-헝가리 제국에서 손꼽히는 건축가 반열에 오르게 된다.

오타크링 성신 교회 내부. 철근콘크리트 기술이 쓰였다. 이전보다 훨씬 얇은 보와 기둥만으로도 교회 내부 공간을 확보할 수 있게 됐다.

하지만 오랜 기간 고향을 떠나 있었던 탓일까? 프라하에 머물며 향수병에 시달리던 플레츠니크에게 류블랴나에서 편지 한 통이 도착했다.

'류블랴나 건축학교를 세우려고 합니다. 부디 오셔서 함께 힘을 실어주셨으면 합니다.'

열여섯 살에 류블랴나를 떠나 십수 년간 타지를 떠돌며 고향을 그리워하던 그에게 마침내 기회가 온 것이다. 그는 편지를 보낸 건축가 이반 부르닉(Ivan Vurnik)과 함께 류블랴나 건축학교 공동 설립자로 이름을 올리고, 의욕적으로 교육과 창작에 임한다. 플레츠니크가 더욱 대단한 것은 작품 활동에 그치지 않고 건축 지식을 아낌없이 베푼 데 있다. 특히 그가 슬로베니아에서 왕성하게 활동하던 시기는 두 차례 세계대전 사이였는데, 전쟁의 여파로 자금 조달이 어렵게 되자 봉급 없이 학생들을 가르치기도 했다.

일반적으로 건축가의 전성기는 빨라야 마흔 정도로 알려져 있다. 건축 이전에 사람을 이해해야 하고, 도시를 대하는 디자이너의 철학이 건물에 묻어나려면 시간이 필요하기 때문이다. 오랜 기간 여러 도시에서 내공을 쌓아 온 플레츠니크가 전성기에 류블랴나에 정착한 건 지진과 전쟁의 여파를 딛고 희망을 그리고자 했던 슬로베니아인들에게 큰 행운이었을지도 모른다.

삼십여 년 만에 고향에 돌아온 플레츠니크는 남은 인생을 류블랴나 재건에 바쳤다. 그는 류블랴나가 슬로베니아인들의 중심이자 새롭게 떠오르는 지중해 신전이 되기를 소망했다. 여전히 도시 곳곳에 플레츠니크 작품들이 숨 쉬고 있다. 고전이라는 연필로 류블랴나 땅 위를 개혁하려 했던 그의 작품들을 만나보자.

깨달음의 빛으로 조금씩
슬로베니아 국립 대학 도서관

프레셰렌이 율리아를 처음 만났던 트르노보 성당을 향해 걸어
가는 도중 눈앞에 초코칩 쿠키처럼 크고 작은 돌들이 입면 위에
불규칙하게 박혀 있는 건물이 나타났다. 참 독특하다. 고전 양식
중 하나라고 콕 집어 말하기에는 이전에 쓰이지 않던 장식들, 초
코칩이 박힌 것 같은 입면이나 책을 세운 모양의 창문이 도드라
졌다. 그러나 현대 양식이라고 하자니 일정하게 반복되는 창문
의 비례나 공간의 대칭 같은 고전적 요소가 떡하니 있었다. 그렇
다고 현대와 고전 중간에서 맴돌고 있는 것도 아니다. 잘 정제된
고유한 힘이 느껴졌다. 범상치 않다. 비범해 보이는 이 건물은
플레츠니크의 야심작이자 대표작, 슬로베니아 국립 대학 도서
관이다.

플레츠니크는 지진으로 무너진 건물들의 파편을 모아 도서관 건물 위에 내려놓았다.

건물을 말하기에 앞서, 명칭부터 짚고 넘어가야 할 것 같다. 이 도서관의 정식 명칭은 'National and University Library of Slovenia'다. 우리말로 옮기면 슬로베니아 국립 대학 도서관이다. 국립 도서관이면 국립 도서관이고 대학 도서관이면 대학 도서관이지, 국립 대학 도서관은 또 무엇이란 말인가.

그 역사는 1774년으로 거슬러 올라간다. 당시 합스부르크 왕가 마리아 테레지아의 왕명으로 설립되어, 1850년에는 제국 내 학술 연구를 지원하는 도서관으로 운영되었다. 제1차 세계대전 후 유고슬라비아의 납본 도서관(나라에서 책이 출간되면 의무적으로 제출해야 하는 도서관)이 됨과 동시에, 류블랴나에 첫 대학이 설립된 후로는 대학 도서관 역할까지 겸하기 시작했다. 이후 1941년, 효율적인 관리를 위해 현 위치로 확장 이전하면서 이름도 '국립 대학 도서관'으로 바뀌었다. 유고 연방에서 독립한 1991년 이후에는 명실상부 슬로베니아를 대표하는 지식의 전당이 되었다.

원래 이 도서관이 있던 자리에는 17세기에 지어진 아우어스페르크 공작 궁전(Auersperg Palace)이 있었다. 근사한 바로크 궁전이자, 중세 시절부터 사람들이 모인 랜드마크였다고 전해지는 이 건물도 지진을 피해갈 수 없었다. 파괴된 역사를 위로하고 새로이 맞이할 희망을 그려야 하는 책임이 건축가에게 주어졌다. 플레츠니크는 도시를 돌아다니며 지진으로 파괴된 건물 조

튀어나온 돌들이 창틀과 조화를 이룬다.

각들을 모으기 시작했다. 그리고 그 남겨진 기억을 건물 위에 하나씩 내려놓았다. 다른 시간에 쓰인 글이 한데 만나던 공간은, 그렇게 도시의 지난 이야기들이 촘촘히 새겨진 새 옷을 입었다. 새 옷 위에는 책을 세운 모양의 창을 냈다. 불규칙하게 튀어나온 돌과 조화롭게 어울리면서 한편으로 이 건물이 도서관이라는 사실을 보여 준다. 서로 다른 개념에서 출발한 이야기를 하나의 디자인으로 조화롭게 엮어낸 센스가 돋보인다.

육중한 문을 열고 복도를 따라 건물 안으로 들어가니, 예상하지 못한 장면이 펼쳐졌다. 서른두 개 검은 대리석 기둥으로 둘러싸인 어둡고 장엄한 공간. 그리고 그 공간 사이를 가르며 올라가는 어두운 인조석 계단들. 마치 성당에 들어온 것 같은 성스러운 분위기에 저절로 두 발이 멈춰졌다. 멀리 계단 위로 희끄무레 보이는 네모난 창만이 가야 할 곳을 안내했다.

(왼쪽)플레츠니크의 손길이 닿아있는 스탠드. (오른쪽)입구를 지나 열람실로 향하는 계단.
성당을 떠올리게 할 만큼 장엄한 분위기를 연출한다.

제단으로 향하듯, 빛을 좇아 계단 위로 발걸음을 옮겼다. 세상
이라는 문을 열어 길고 어두운 공간을 지나 맞이한 마지막 장소.
그 앞엔 또 하나의 문이 기다리고 있다. 살며시 안으로 들어가니
3층 높이의 큰 열람실이 나타났다. 사람들은 양쪽 벽의 큰 창에
서 쏟아지는 밝은 빛을 받으며 고풍스러운 책상에 앉아 묵묵히
공부하고 있다. 의자에 앉아 있는 사람들 뒤로 아우라가 비치는
듯 눈부셨다. 큰 창문에서 쏟아지는 빛보다도 그 커다란 공간에
앉아 책을 읽고 있는 사람들이 더 빛나 보였다.

플레츠니크는 교회를 설계하는 방식으로 도서관 동선을 구축
한 것이다. 아무것도 모르는 어둠 속에서 깨달음의 빛으로 향하
는 계단. 마침내 계단 위로 올라서서 학문을 탐구할 때 쏟아지는

공간 설계부터 스탠드, 조명, 책상까지, 보이는 모든 것에 플레츠니크의 디자인 철학이 담겨 있다.

지식의 아우라. 간절한 기도 대상은 깨달음이 되고, 그 깨달음을 갈구하는 대상에게 한 줄기 빛이 내린다. 책만 읽고 지나칠 수도 있는 공간은 말 그대로 '배움의 전당'이 되었다.

  열람실 인테리어에서 책상, 스탠드, 샹들리에 모두 플레츠니크의 디자인이다. 가구 디자이너에서 출발해 건축가로 자리 잡은 그의 이력이 여기 집약되어 있다. 특히 재료 조달이 어렵고 큰 비용을 투자하기 어려운 상황을 누구보다도 잘 이해하고 있던 플레츠니크는 기성 제품을 조합해 그럴듯한 디자인으로 빚어냈다. 언뜻 보아 값비싸 보이는 샹들리에 일부와 2층 난간은 가스 파이프와 곰방대를 적절히 구부리고 도금하여 만든 작품이다. 이러한 디자인과 더불어 주목해야 할 것이 하나 더 있다. 책장이다.

'세상에서 가장 아름다운 도서관 10'이라는 기사를 본 적이 있다. 도서관들은 하나같이 멋진 천장이나 무수히 많은 책으로 뒤덮인 압도적인 경관을 자랑했다. 이런 도서관들과 비교하면 슬로베니아 국립대학 도서관 서가는 소박해 보인다. 더 높고 멋지게 책장을 구성할 수 있음에도 왜 이렇게 공간을 낭비하고 있을까 싶을 정도다.

이유가 있다. 건물이 지어진 1930년대 말과 1940년대 초 사이는 전쟁의 시대였다. 언제 도시가 사라질지 모르는 불안 속에 살았다. 갑작스럽게 일어날지도 모르는 변고에 대비해 건축가는 적어도 손에 닿을 수 있는 높이까지만 서가를 설계했다. 위기 상황에서 재빠르게 책을 옮길 수 있도록 계획한 것이다. 눈에 보이는 아름다움만 생각하고 책을 보관할 수 있는 양에만 욕심을 부렸다면 절대 나올 수 없는 디자

열람실의 여러 소품은 모두 플레츠니크의 디자인이다. 평범한 제품을 조합해 그럴듯한 디자인으로 구현하는 그의 능력이 드러난다.

인이다. 그만큼 슬로베니아어로 쓴 글 하나하나를 소중하게 생각하는 마음이 깃든 게 아닐까. 눈에 보이는 아름다움이 전부가 아니라는 건 공간에도 해당하는 이야기다.

장인은 도구를 가리지 않는다고 했던가? 지진과 전쟁으로 건설 재료 조달이 어려운 상황을 탓하지 않고, 구할 수 있는 한정된 자원 안에서도 의미를 찾고자 노력한 플레츠니크의 디자인은 오늘도 빛나고 있다.

가을이 드리운 도서관 외부.

도서관 앞 거리에선 꿈을 머금은 학생들을 만날 수 있다.

다시 지킨 약속
류블랴니차강을 따라서

2016년, 류블랴나는 '유럽 녹색 수도'로 선정되었다. 유럽 녹색 수도는 유럽 집행위원회가 도심 녹지화, 환경 관리 등 열두 개 항목을 기준으로 도시 환경 정책을 평가하여 가장 높은 점수를 받은 곳을 한 해 동안 유럽을 이끄는 환경 도시로 선정하는 제도다. 선정된 도시는 최고의 환경 도시로 인정받으며 각 나라와 도시 간 협력을 주도한다. 류블랴나는 시민들이 환경의 중요성을 잘 인식하고 있다는 점과, '비전 2025'라는 단계별 환경 개선 정책을 시행한 것에 높은 점수를 받았다.

사실 류블랴나가 처음부터 환경 도시로 알려진 건 아니다. 다른 도시들처럼 구도심이 쇠퇴하면서 시민들은 교외로 안식처를 옮겼다. 도시를 대표하는 얼굴이라고 여겨진 구도심 류블랴니차강 주변은 어느새 주차장과 차도에 잠식되어 시민들이 마음

놓고 쉽게 걸을 수 없는 지경에 이르
렀다. 오랜 기간 이 문제에 시달려온
시 의회는 2004년 이후 2천만 유로(한
화 250억 원 상당) 이상을 투자하여 도
심 재정비 사업에 나선다. 그 결과 불
과 십 년이 조금 넘는 기간에 류블랴
나는 유럽 전체를 대표하는 환경 도시
가 되었다. 짧은 시간에 괄목할 만한
성과를 낼 수 있었던 것은 지역 전문

류블랴나 구도심. 흰색으로 표시된
부분이 플레츠니크가 설계한 건물
및 인프라다.

가들과 시민들의 협력 덕분이기도 하지만, 무엇보다도 기준이
명확했기 때문이다. 그 기준은 실행되지 못한 플레츠니크의 도
시계획이었다.

앞서 이야기했듯이 플레츠니크는 류블랴나를 다시 떠오르
는 고대의 아테네로 만들고자 했다. 구도심 언덕 위를 지키고 있
는 류블랴나성을 아크로폴리스로 삼고 성을 바라보는 방향으로
강, 다리, 광장, 운하 등을 계획했다. 강가에는 계단식 제방과 경
사로를 놓아 시민들의 접근성을 높이고, 늘어진 버드나무를 심
어 에게해 분위기를 조성했다. 2004년에 이르러 그의 아이디어
가 하나씩 현대 실정에 맞게 적용되기 시작했다.

국립 대학 도서관에서 남쪽으로 조금 내려가면 류블랴니차강
과 지류인 그라다슈치차강이 만나는 지점이 있다. 이곳은 시민

류블랴니차강을 따라 계단과 산책로가 이어진다. 단조로운 강변 풍경을 극복한
플레츠니크의 안목이 살아있다.

들이 수영을 즐기던 장소이자 류블랴나성을 가장 잘 볼 수 있는
장소로 알려져 있다. 1930년대, 플레츠니크는 시민들이 공간을
편하게 이용할 수 있도록 강과 만나는 곳에 계단식 제방을 설계
했다. 풍경을 즐길 수 있는 가장 아름다운 장소라고 여겨진 이곳
을 기준 삼아 류블랴니차강과 지류가 만나는 곳에 새로운 공원
들이 만들어졌다.

계단과 경사로가 반복되는 산책로를 따라 구도심으로 올라가
다 보면 이내 신광장(New Square)에 이른다. 이곳도 오랜 역사를
간직한 장소다. 1930년대 이후 자동차들이 광장을 점유했으나
2013년, 차량 통행이 제한된 후로는 과거의 영광을 서서히 되찾
아가고 있다. 차가 머물던 곳에 사람들이 앉을 수 있는 벤치가

차 대신 사람이 모이는 광장으로 거듭난 신광장.

들어섰고, 주차 지역을 표시하던 하얀 페인트는 강과 광장을 연결하는 바닥 패턴으로 교체되었다. 강을 향해 탁 트인 광장으로 사람들이 다시 모여들었다.

신광장 근처에는 구두 수선공의 다리(Cobblers' Bridge)가 놓였다. 중세부터 목조 다리가 놓여 있던 이곳은 강을 마주 보는 두 마을을 이어주는 중요한 장소이자, 다른 도시에서 온 사람들이 도심으로 들어가기 위해 반드시 거쳐야 했던 입구였다. 옛날에는 이곳에 정육점들이 줄지어 있었다고 한다. 하지만 악취가 너무 심했던 탓에 황제가 보조금을 주며 다른 곳으로 이전하도록 유도했고, 그 후 이곳을 인수한 사람들이 구두 수선공이었다. 다리의 특이한 이름은 여기서 비롯했다. 우리나라로 하자면 말을 피해 다니던 골목으로 알려진 피맛골과 비슷한 방식이랄까? 이야기가 이름으로 기억된 장소는 언제나 정겹다.

역사적으로 홍수나 화재로 큰 피해를 입었다고 전해지는 이 다리가 현재의 모습을 갖추게 된 건 1930년 이후다. 양쪽 기둥들이 서로 마주 보며 하늘을 향해 솟은 모습이 독특한데, 의도된 걸까? 실은 그렇지 않다. 이 다리는 완성되지 못한, 음악이라면 미완성 교향곡이다.

원래 플레츠니크는 지붕으로 다리를 덮고 담쟁이덩굴을 심어서 언덕 위의 성에서부터 녹색 축으로 연결하려고 했다. 다리 폭을 17미터로 넓힌 이유는 단순히 강 건너편을 오가는 목적을 넘어, 사람이 만나는 작은 광장이 되길 바랐기 때문이다. 결과적으로는 플리마켓이나 작은 공연이 심심치 않게 이루어지는 매력적인 다리가 되었지만, 안타깝게도 지붕은 예산 문제로 실현되지 못했다. 다리 양쪽 기둥들은 실현하지 못한 계획의 흔적으로 남았다.

오히려 완성되지 않았기에 얻는 힘이 더 커 보인다. 다리 끝에 서서 류블랴나성을 바라보면 왠지 고대 아테네가 느껴진다. 양쪽 기둥은 아크로폴리스로 가는 길을 연상시킨다. 로마의 포로 로마노, 아테네의 파르테논 신전, 잊힌 도시 폼페이. 우리가 기억하는 대부분의 고대 건축은 아쉽게도 폐허로 존재한다. 그러나 지워진 흔적을 더듬어 과거를 유추하고 회상할 수 있기에,

때로는 실재보다 더 강렬한 인상으로 남는다. 미완성이 아름다운 이유는 여백에 남겨진 아련함이 있기 때문이다.

어쩌면 형태보다
이웃을 생각하는 따뜻한 마음을 담는 게
먼저일 것이다.

안목과 애정이 깃들다
삼중교와 마켓홀

강변을 따라 걷다 보니 어느새 다시 프레셰렌 광장에 다다랐다.
구도심을 산책하는데 반나절도 안 걸리는 걸 보면, 이 도시가 한
나라의 수도치고는 상당히 작다는 사실이 새삼 느껴진다. 이 작
고 아늑한 도시는 따뜻한 배려가 듬뿍 담긴 공간들로 가득 차 있
다. 도시의 가치는 규모로만 따질 수 없다.

　프레셰렌 광장에 있는 삼중교는 슬로베니아와 건축가 플레
츠니크를 대표하는 상징적인 다리다. 세 개로 나뉜 다리가 분주
하게 사람들을 양쪽으로 나른다. 어떤 곳에서도 쉽게 볼 수 없는
독특한 다리 모양은 어디서 온 걸까?

　삼중교의 역사는 중세 시대부터 시작된다. 성과 외부를 연결
하는 중요한 다리였는데, 당시만 해도 지금처럼 세 다리가 아니
라 가운데 하나만 있었다. 19세기에 목재에서 석재로 교체된 후

늘어진 버드나무를 따라 류블랴나의 깊은 가을로 들어갔다.

에는 오스트리아 프란츠 칼 공작의 이름을 따 '프란츠교'로 불렸
다. 이곳은 구두 수선공의 다리처럼 다리 위 상점을 이용하는 사
람들로 늘 분주했다. 그러나 전차, 마차, 사람들이 뒤섞이면서
오가는 데 점점 불편해졌고 대대적인 정비 사업이 이뤄졌다. 플
레츠니크는 여기에 전에 볼 수 없던 새로운 디자인을 시도했다.

먼저 기존 다리는 그대로 두었다. 1842년 이탈리아 건축가가
설계한 프란츠교는, 지진으로 프레셰렌 광장 주변이 큰 피해를
겪어도 꿋꿋하게 자리를 지켰다. 단단한 다리만이 아닌, 류블랴
나 시민들의 기억이 담긴 장소였다. 플레츠니크는 상징적인 다
리를 그대로 두는 대신 양쪽으로 두 개의 도보 전용 다리를 더했
다. 역사적 가치를 보존하는 동시에 속도가 다른 두 개체, 즉 차
와 사람을 분리하면서 효율과 안전을 도모했다. 이 영리한 제안
은 도시가 지닌 숨은 잠재력을 끌어냈다.

같은 설계를 하더라도 디자이너의 안목과 애정이 깃들면 건
물뿐만 아니라 주위 분위기도 함께 살아난다. 우선 세 다리의 간
격이 재미있다. 일반적인 다리를 상상하면, 서로 나란한 간격으
로 뻗어 있는 걸 상상하기 쉽다.
하지만 이 다리는 손가락으로 세
개를 나타내는 모양처럼 광장을
향해 간격이 벌어져 있다. 다리가
광장을 넓게 감싸 안아 두 지역이
더욱 조밀하게 연결된 것이다. 건

1910년 당시 프레셰렌 광장. 삼중교의 전신인
프란츠교가 보인다.

너기 위한 목적으로 만들어
진 다리가 주변 경관을 품는
거점으로 변신했다.

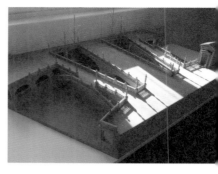

다리 세 개가 나란히 서 있
는 것만으로 삼중교라고 불
리는 것은 아니다. 시대를 두
고 만들어진 다리들이 하나
로 인식되는 건 다리 난간 덕
분이다. 가운데 프란츠교에
는 원래 철제 난간이 있었지

플레츠니크 하우스에 전시된 삼중교 모형.
하나였던 다리가 세 개가 되면서 광장을
넉넉하게 품었다. 시민들이 모이는 거점 공간으로
변신했다.

만, 새로운 두 다리가 건설되면서 인조석 난간으로 함께 맞춰졌
다. 난간을 받치는 둥근 호리병 모양 기둥과 군데군데 높게 솟은
석등이 특징인데, 지중해 분위기를 자아내기 위한 것이라 한다.
실제로 이탈리아 베니스에 있는 리알토 다리와 여러모로 비슷
한 점이 많다.

풍부한 연결성 역시 빼놓을 수 없는 특징이다. 보통 다리처럼
사람들이 수평으로 오가게 하는 데 그치지 않고 상하좌우 입체
적으로 연결한다. 새로운 두 다리의 측면에는 강 아래로 내려가
는 계단이 있고, 그 계단은 지하 테라스와 연결된다. 류블랴니차
강은 폭이 좁지만 꽤 깊다. 지하 테라스는 지면과 수면 사이 버
려진 공간을 적절하게 활용하려 한 디자이너의 기지가 돋보이
는 장소다.

지하 공간은 삼중교 한쪽으로 길게 늘어진 지상 회랑과 곧바로 연결되기도 한다. 강을 따라 굽이친 기둥들이 압도적인 경관을 만드는 이곳은 류블랴나에서 가장 유명한 시장, 마켓홀 (Market Hall)이다. 삼중교 위에서 마켓을 바라본다. 굽이친 강이 시선에서 사라지는 곳까지 회랑이 이어진다. 강 방향으로 반원형 창문과 열주가 반복되다가 때로는 로지아(건물 한쪽으로 연결된 회랑)와 연결되면서 단조로워 보일 수 있는 입면에 리듬감이 더해진다. 이토록 아름다운 고전 건축 언어가 스며든 강둑이 또 있을까?

강을 따라 길게 이어진 회랑은 마치 그리스 스토아를 떠오르게 한다. 스토아는 고대 그리스 건축 양식 중 하나로, 좌우로 기둥이 늘어서 있는 복도다. 기후가 따뜻한 그리스에서는 시민들이 광장에 모이는 일이 잦았다. 아고라(광장)의 측면에 붙어있던 스토아는 광장으로 쏟아지는 햇살을 잠시 피하는 그늘 같은 장소였다. 시민들은 삼삼오오 모여 대화를 나눴다. 여기서 꽃피운 토론 문화가 그리스 민주정의 토대가 되었으며, 스토아학파 명칭도 여기서 나왔다.

다양한 삶의 모습을 담은 회랑을 지나면 이내 또 다른 광장을 만난다. 류블랴나 중앙 시장이다. 매일 아침 이곳은 슬로베니아 각지에서 온 신선한 과일과 채소로 가득 찬다. 흥정하는 사람들 속에서 활기찬 기운을 듬뿍 받는다. 언덕 위로 보이는 류블랴나 성이 신의 영역 아크로폴리스라면, 일반 시민들이 참여해서 정

(위)삼중교와 연결된 계단을 따라 내려가면 지하 테라스가 나온다. 버려졌던 공간은 새로운 생명을 얻었다.
(중간)호리병 모양 인조석 난간이 삼중교를 감싸고 있다. 류블랴나가 고대 그리스와 같은 신전이 되길 바라는 플레츠니크의 의지가 엿보인다.
(아래)지하 테라스는 회랑인 로지아와 연결된다.

치를 논했다던 아테네 프닉스 언덕이 이런 모습 아니었을까? 구
도심에서 가장 기분 좋은 에너지를 얻을 수 있는 곳이다.

  프라하에 머물던 플레츠니크가 류블랴나에서 온 편지 한 통
을 읽지 않았다면, 그 전에 누군가가 그에게 편지를 쓰지 않았다
면, 류블랴나의 운명은 어떻게 바뀌었을까? 지금과는 사뭇 달라
졌을지도 모른다. 류블랴나에 진심이던 건축가는 비록 유한한
삶을 살고 떠났지만, 그가 사랑으로 남긴 계획은 시간을 초월해
공간으로 남았다. 류블랴나 도시 이름에는 사랑이 담겨 있다. 류
블랴나(Ljubljana)에서 류비티(Ljubiti)는 슬로베니아어로 '사랑하
다'라는 뜻이다. 이 도시에는 폐허가 된 고향에 희망이 되겠다는
한 건축가의 진심이 담겨 있다.

건축가 한 사람의 의지는
도시 전체의 운명을 바꿀 수 있다.
류블랴나처럼.

Netherlands, Hilversum

독특한 건축의 향기

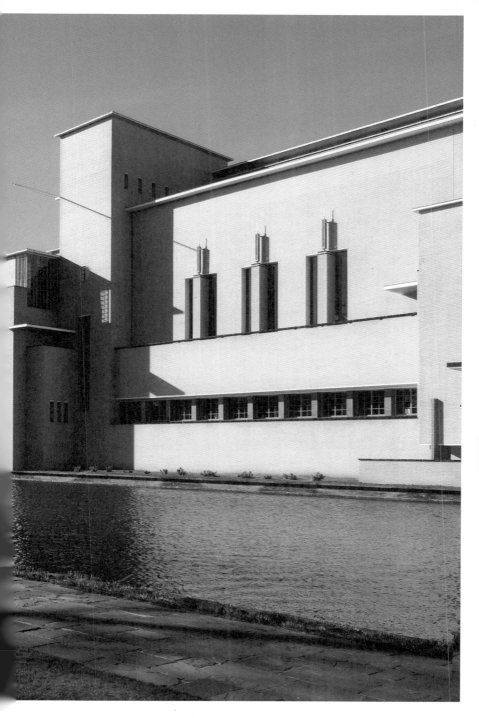

미디어 파크에 위치한 시청각 연구소 내부.

시청사 내부의 감각적인 디자인 요소들.

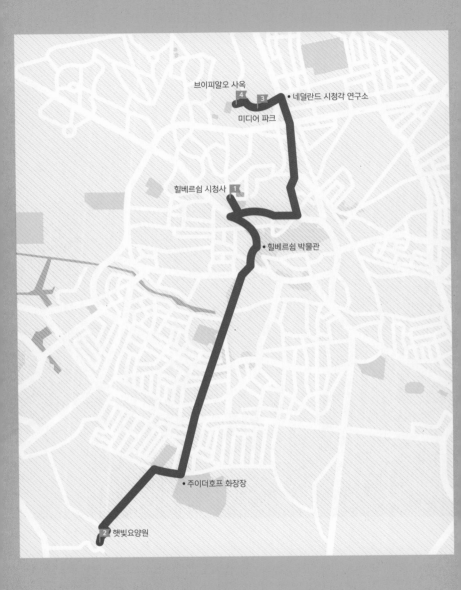

좋은 건축의 의미를 되짚다

네덜란드가 근현대 건축으로 유명한 만큼, 힐베르쉼의 이동 경로도 건축 위주로 구성했다.
먼저 빌럼 마리누스 두독이 설계한 힐베르쉼 시청사를 보고 난 후 아래로 쭉 내려온다. 그러면
얀 다이커의 햇빛요양원으로 갈 수 있다. 시청사에서 위로 올라가면 방송사 브이피알오의
사옥과 네덜란드 시청각 연구소에 다다른다.

근현대 건축의 심장
네덜란드 그리고 힐베르쉼

'네덜란드' 하면 무엇이 떠오르는가. 동계 올림픽 스피드 스케이팅 경기에서 우리나라 선수 옆에서 달리던 오렌지색 유니폼의 선수들이 생각나는 사람도 있을 것이고, 월드컵 4강 신화를 이끈 히딩크의 나라로 기억하는 사람도 있겠다. 역사를 되짚어보면 제주도에 표류했던 하멜과 그보다 먼저 조선에 도착한 박연이라는 인물도 들어봤을 것이다. 하지만 네덜란드가 근현대 건축으로 유명하다는 사실을 알고 있는 사람은 드물다.

매년 4월 27일, 네덜란드 국왕의 생일을 기념해 '킹스 데이'라는 축제가 열린다. 암스테르담 시내에는 오렌지색 모자나 옷을 입은 사람들로 북적거린다.

네덜란드는 국토의 약 4분의 1이 해수면보다 낮은 독특한 나라다. 네덜란드(Netherlands)라는 말 자체가 '낮은 땅'을 의미한다. 그래서 예전부터 풍차를 활용해 물을 퍼내고 간척지로 만드는 작업이 활발히 이루어졌다. 물을 다루는 데 탁월했기에 조선술도 크게 발전했고, 17세기 이후에는 '동인도 회사'로 대표되는 국제 해상 무역의 중심 국가로 자리 잡기도 했다. 네덜란드 도시에 유난히 운하가 많은 이유는 주요 운송 수단이던 배가 도시 중심까지 편하게 들어오게 하기 위해서였다.

남한 면적의 40퍼센트 정도 되는 작은 나라가 전 세계를 상대로 무역을 하고, 해수면으로부터 땅을 지켜내기 위해 끊임없이 연구해 왔다. 그러다 보니 네덜란드 사람들을 만나보면 유연하고 실용적인 면이 두드러진다. 도전하는 데 주저하지 않고, 다름을 존중하며 합의를 지향한다. 이런 자세는 세계대전 이후 진행된 도시와 건축 설계에서도 찾아볼 수 있다.

네덜란드도 세계대전을 피해갈 수 없었다. 특히 제2의 도시 로테르담(Rotterdam)은 건물과 기반 시설이 파괴되었다. 이때 네덜란드에서는 로테르담을 복원의 장이 아닌 새로운 캔버스로 활용했다. 건축가와 도시계획가들이 마음껏 전문성을 발휘하도록 기회를 주었다. 새로운 기술과 예술을 펼칠 수 있는 분위기 속에서 네덜란드 건축은 급속도로 발전했다. 1950년대 초에 이미 1킬로미터가 넘는 보행자 전용 쇼핑 거리가 조성되었고, 도로 위로 45도 기울어진 큐브가 겹쳐진 독특한 주거 단지인 큐브

로테르담의 펜슬 하우스와 큐브 하우스. 나무들이 숲을 이루듯, 각각의 집은 한데 모여
새로운 풍경을 만들어낸다.

하우스가 등장했다. 그 옆으로는 아파트와 전통시장이라는 이
질적인 두 프로그램이 결합한 마켓홀이 들어섰다. 로테르담 거
리에 서서 한 바퀴를 쭉 돌면 어느 하나 평범한 건물이 없다. 모
두 각자의 비범함으로 존재한다.

　네덜란드에 있는 동안 작은 아파트 한 동을 설계한 적이 있
다. 모든 진행 과정 중 가장 놀라웠던 점은 건축주의 선택이었
다. 디자인을 위해 한 층을 포기하느냐, 아니면 최대한 경제적
이익 확보를 위해 법이 허용하는 정도까지 공간을 욱여넣느냐

는 기로에 서 있었다. 놀랍게도 클라이언트는 세대 수를 포기했다. 순간 우리나라의 빌라 건설 방식이 떠올랐다. 최대한 수익을 내고자 불법으로 벽을 세우고 세입자를 늘리는 꼼수들 말이다. 건축을 경제적 가치로만 보는 사회에 살다가 그와 정반대되는 선택을 마주하니 놀라울 따름이었다.

회의를 마치고 돌아오는 길에 동료와 이 이야기를 나눴다. 그는 네덜란드 사람들이 건축을 경제성보다는 문화예술의 관점에서 보는 것 같다고 했다. 건축 설계를 업으로 하는 입장에서 참 부러운 대목이었다. 서울역 앞 고가도로를 보행로 '서울로'로 개조한 엠브이알디브이(MVRDV)을 비롯해 오엠에이(OMA), 유엔스튜디오(UNStudio) 같은 세계적인 설계 회사는 하루아침에 만들어지지 않았다. 건축을 문화로 받아들이는 사회가 뒷받침되었기에 가능한 결과다.

네덜란드 대표 도시로는 세계적인 현대 건축의 집합소인 로테르담과 운하가 아름다운 수도 암스테르담(Amsterdam)이 꼽힌다. 하지만 이번에 가 볼 도시는 암스테르담에서 기차로 이십 분쯤 떨어진, 인구 9만 명의 작은 도시 힐베르쉼(Hilversum)이다. 네덜란드 사람들에게 이곳은 방송국이 밀집한 동네, 혹은 암스테르담이나 위트레흐트(Utrecht)로 출근하는 사람들이 사는 부유한 지역이다. 여기에 더해, 빌럼 마리누스 두독(Willem Marinus Dudok)이라는 걸출한 건축가의 활약이 두드러진 도시기도 하다.

힐베르쉼을 쌓은 건축가
빌럼 마리누스 두독

네덜란드에서 대학원을 다녔지만 나는 한동안 힐베르쉼이라는 도시를 몰랐다. 건축을 전공한 내게 네덜란드는 로테르담을 중심으로 현대 건축이 발전한 나라였고, 고풍스러운 벽돌 건물과 운하가 아름다운 암스테르담의 나라였다. 힐베르쉼을 알게 된 건 학교 안 책방 매대에 올려진 한 권의 책 덕분이다.

'이런 건물이 있었어?'

책을 뒤적거리는데 페이지 내내 흥미로운 건물들이 이어졌다. 게다가 계획으로 그친 게 아니라 모두 지어진 건물이고, 한 도시에 집중되어 있었다! 우연히 발견한 책은 두독의 작품집, 도시는 힐베르쉼이었다. 나는 바로 그곳으로 떠났다. 위트레흐트에서 기차를 갈아타고 드넓은 평원을 지나 힐베르쉼역에 내렸다. 첫인상은 한적한 어느 유럽 도시와 다르지 않았다. 낮은 건물 사이를 지나니 아담한 시내가 나타났고, 조금 더 걸으니 숲 속을 헤매다 평원을 만난 것처럼 힐베르쉼 시청사가 모습을 드러냈다. 한동안 서서 바라볼 수밖에 없었다. 가히 압도적인 존재감이었다. 한쪽으로 높게 솟은 47미터의 종탑과 수평으로 낮게 이어진 건물. 높고 낮음과 가로와 세로, 좁고 넓음처럼 대척점에 있는 요소들이 건물 속에서 반복되며 묘한 기하학적 균형감을 만들어내고 있었다.

시청사를 설계한 두독은 1884년, 암스테르담의 두 음악가 사이에서 태어났다. 어린 시절부터 피아노 연주와 그림 그리기를

두독이 설계한 힐베르쉼 시청사 외관.

즐겼던 그는 육군사관학교에 진학하여 토목공학을 공부하다가, 군 시설을 설계하면서 처음으로 건축을 접했다. 오랜 기간 다져진 예술적 근육 덕분인지 그는 일찍 두각을 나타냈다. 전역 후에 레이던(Leiden)시 공공 공사 부국장을 거쳐 1915년, 힐베르쉼의 모든 공공 공사를 총괄하는 국장에 올랐다. 그리고 이내 시립 건축가로 임명되어 은퇴하는 날까지 반세기 넘도록 힐베르쉼에 머물며 노동자를 위한 주택과 학교, 시청, 묘지 등 기반 시설을 설계했다.

두독의 건물을 건축학적인 관점에서 보면 두 건축가에게 영향을 받았음을 알 수 있다. 한 명은 네덜란드의 저명한 근대 건축가 헨드릭 베를라허(H. P. Berlage)고, 다른 한 명은 미국 건축

베를라허의 신트 휴베르투스(Jachthuis Sint Hubertus)(위)와 라이트의 로비 하우스(Robie House)(아래). 힐베르쉼 시청사와 비교해보면 두독이 두 건축가로부터 영향 받았음을 알 수 있다.

의 아버지로 불리는 프랭크 로이드 라이트(Frank Lloyd Wright)다. 베를라허에게는 재료의 특성을 활용해 건물 자체를 솔직하게 드러내는 법을, 라이트에게는 캔틸레버 구조로 건물의 수평성을 강조하는 법을 배웠다. 베를라허와 라이트의 작품에 영향을 받아 두독 나름의 방식으로 소화해 낸 걸작이 바로 힐베르쉼 시청사다.

시청 건물을 아우르는 키워드를 하나 꼽자면 단연 기하학이다. 기하학이라고 하면 선과 면, 도형의 상대적인 관계를 연구하는 학문으로 알려져 있다. 특히 시청사가 지어질 시기에 미술 분야에서는 기하학을 추상화하여 표현하는 '데 스틸(De Stijl)' 운동이 펼쳐지고 있었다. 몬드리안으로 대표되는 데 스틸은 1917년 네덜란드에서 시작한 예술 운동으로, 그들은 수평선, 수직선과

데 스틸 원리가 3차원으로 구현된 슈뢰더 하우스.

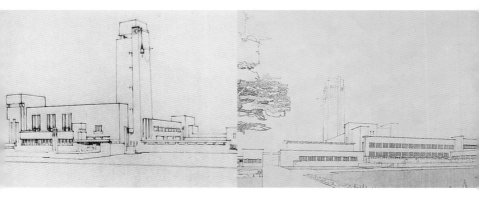

시청사의 설계 변화. 차례로 1918년, 1922년, 1924년 작품이다. 시청사 부지가 변경된 후 디자인은 더욱 과감해졌다.

원색으로 정신세계의 숨은 질서를 표현해야 한다고 믿었다. 이 운동은 건축에도 큰 영향을 끼쳐서 위트레흐트에는 몬드리안의 회화가 3차원으로 구현된 슈뢰더 하우스(Rietveld Schröder House) 가 만들어지기도 했다. 그야말로 듣도 보도 못한 낯선 개념이었 기에 당시에는 비평과 찬사가 오갔다.

두독은 이 운동에 참여하지 않았지만, 데 스틸이 전하고자 하 는 단순한 조형과 수직, 수평의 긴장감을 건축에 활용했다. 이는 십 년에 걸친 시청사의 디자인 변천 과정에서 찾아볼 수 있다. 초기에는 시청을 도심에 지으려 했기 때문에 주변 건물과의 조 화가 필요했고, 전통적인 건물을 재해석한 베를라허의 영향을 많이 받았음이 스케치에 보인다. 하지만 건물 높이와 면적에 제 한이 없는 현재 위치로 변경되자, 수직과 수평의 요소가 훨씬 과감해졌다. 여러 아이디어를 혼합하여 자신만의 독창적인 스타일로 시청사를 설계한 두독을 보고 있자면, 네덜란드 사람들 특유의 유연한 태도가 그에게도 있던 게 아닐까 짐작하게 된다.

시청사 외관을 수직과 수평으로만 이야기하기에는 부족하다. 멀리서 보고 있으면 땅 위에 박혀 있는 듯하면서 한편으로는 가볍게 떠 있는 느낌도 든다. 왜 그럴까? 건물에 적절히 스며든 빛이 음영을 만들기 때문이다. 건물은 만듦새 자체로도 평가할 수 있지만 특히 빛과 만났을 때 잠재력이 발휘되는 경우가 많다. 힐베르쉼 시청사가 그렇다.

두독은 큰 건물 덩어리를 땅에 올려놓으면서 의도적으로 면의 모서리를 파내거나 돌출시켰다. 주로 땅과 가까운 부분은 공간을 파내어 그 아래로 짙은 그림자를 드리웠고, 하늘과 가까운

흰 처마는 건물에 테두리를 두른 듯 짙은 그림자를 만들어낸다.

면에는 얇고 긴 흰 처마를 내어 건물 입면에 빛의 흐름이 새겨지도록 했다. 덕분에 압도적으로 느껴졌을 큰 건물이 작고 가벼워 보이는 효과가 생겼다.

이러한 '대비적 균형'을 활용한 건축 언어는 건물 내부까지 자연스럽게 이어진다. 주 출입구에서는 건물의 원근감이 두드러지게 나타난다. 노란색 벽돌 건물을 받치고 있는 짙은 갈색 기둥, 그리고 이와 같은 색깔로 입구까지 길게 연결된 바닥 타일이 서로 균형을 이루며 방문객을 건물 안으로 안내한다. 절제된 색을 사용해 대척점에 있는 조형 요소 간의 균형을 잡았다.

왼쪽 담장 너머로 펼쳐진 파란 하늘과 오른쪽 회랑 벽의 파란 타일이 어우러지는 건 덤이다.

건물 밖에서는 포인트로 활용되던 검은색과 흰색, 파란색이 실내에서는 주인공으로 등장한다. 특히 중요한 행사에 사용되는 시민홀에서 이런 특징이 두드러진다. 창에서 들어오는 빛은 금색 타일의 회랑 기둥으로 이어져 방문객의 시선을 사로잡는다. 바닥에는 힐베르쉼의 상징 색이기도 한 파란색 카펫이 깔려 있다. 홀 방향으로 그어진 금색 줄무늬는 흰 대리석 벽을 타고 천장 조명으로 이어지면서 또다시 수직과 수평의 건축 언어가 반복된다. 천장과 창문이 이어지는 광경을 가만히 보고 있으면 두독이 얼마나 치밀하게 디테일을 추구했는지 알 수 있다.

　　그렇다고 시청사 내부가 모두 파란색으로 구성된 건 아니다. 의회 회의실로 사용되는 공간은 녹색 계열 실크 벽과 두독 건물 특유의 무늬가 인상적이며, 결혼 서약이 이뤄지는 웨딩룸은 사

랑을 상징하는 빨간색이 두드러진다. 의회 회의실과 연결된 휴게실은 검은색과 흰색, 노란색이 반복된다. 어쩌면 두독은 데 스틸 운동에서 촉발된 색의 조화에 관한 문제를 본인만의 방식으로 드러내려 한 게 아닐까?

(위에서부터)의회 회의실,
웨딩룸, 휴게실. 공간의
성격이 색으로 구현되었다.

시청사가 건립된 지 백 년이 가까워 오지만 지금과 같이 깨끗하게 보존될 수 있었던 것은 1990년대 초, 섬세한 복원이 이뤄졌기 때문이다. 복원 과정은 순탄하지 않았다. 준공 당시 사진이 모두 흑백이었던 탓에 노란색이던 창문 틀을 모두 흰색으로 칠할 뻔하기도 했다. 이런 과정을 거쳐 다시 태어난 시청사는 힐베르쉼 시민들의 자존심이자 상징으로 자리 잡았다.

두독이 설계한 건물들은 시간이 흐르면서 많이 철거되었지만 여전히 원래 기능으로 사용하는 건물도 있다. 노동자들을 위한 최초의 사회 주택 단지(Bloemenbuurt)에서는 건물 일부를 돌출하거나 파내면서 단지의 사적 공간과 공적 공간을 리듬감 있게 조율했다. 그리고 시청사와 비슷한 건축 언어가 사용된 일련의 학교가 시청과 멀지 않은 곳에 있어 반나절이면 두독의 흔적을 만나볼 수 있다. 그는 1974년, 아흔하나를 일기로 자신의 반평생을 바친 힐베르쉼에서 숨을 거두었다. 그리고 자신이 설계했던 도시 북측 공공 묘지에서 사랑하던 아내와 함께 영원한 안식을 얻었다.

아름다움을 넘어 경외심을 일으키는
단순한 조형과 수직·수평의 긴장감.

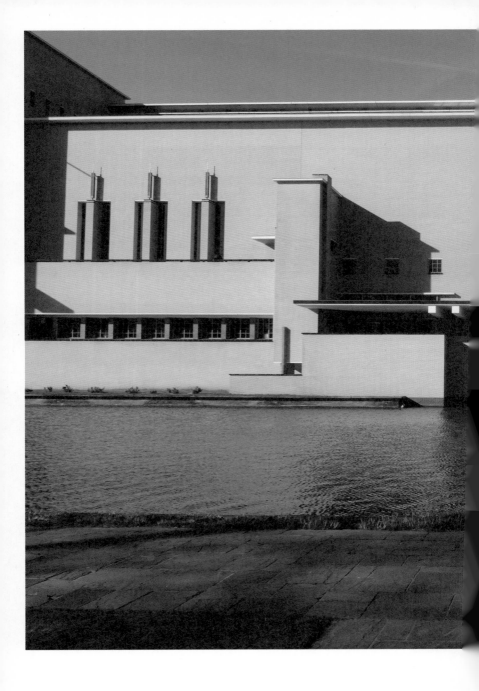

어느 한적한 오후의 힐베르섬 시청사.

저게 가능했다고? 백 년 전에?
햇빛요양원

2020년 갑자기 등장한 코로나-19는 우리 삶을 송두리째 바꿔 버렸다. 뾰족한 해결책을 찾지 못한 채 인간은 꼼짝없이 당했다. 하지만 두 해가 지난 지금, 백신이 개발되고 감염자 수가 줄어들 면서 마스크를 쓰기 전 평범했던 생활로 돌아갈 희망이 조금씩 보인다. 이렇게 감염병이 우리 삶을 위협하는 상황은 백 년 전에 도 있었다. 그 질병의 이름은 결핵. 지금은 치료가 되지만 당시 에는 방도가 없었다. 물 좋고 공기 좋은 곳에서 요양하는 게 최 선이었다.

이렇게 외부 요인이 삶을 바꾸어 놓듯이 때로는 기술의 진보 가 생활을 바꾸기도 한다. 건축에서는 19세기 말 철근콘크리트 가 등장하면서 공간 개념이 달라졌다. 예전에는 재료를 하나하 나 쌓아 올리며 건물을 지었다면, 철근콘크리트가 등장한 후로는 기둥과 보로 건물 하중을 견딜 수 있게 됐다. 그만큼 재료를 덜 쓰면서 넓고 높은 공간을 지을 수 있게 된 것이다. 벽의 쓰임이 자유로워지자 창문도 커지기 시작했다. 급속한 도시 팽창으로 대규모 건설이 필요했던 시대적 요구와 맞물리면서 건축가들은 철근콘크리트 건물의 가능성에 주목했고, 이는 모더니즘 건축이 꽃피는 데 큰 역할을 했다.

지금으로부터 약 백 년 전, 네덜란드에 얀 다이커(Jan Duiker)라는 젊은 건축가가 있었다. 그는 베를라허의 소개로 힐베르쉼 외곽에 결핵 환자의 요양원을 설계하는 프로젝트를 맡았다. 1919년의 일이다. 당시 다이커는 철근콘크리트를 사용한 공법에 무척 관심이 많았다. 지금으로 치면 메타버스에 관심이 많아 이걸로 뭔가 만들려고 하는 건축가라고나 할까?

묘하게도 그가 관심을 가졌던 철근콘크리트 건물의 이점이 결핵 환자들을 위한 공간의 요구사항과 정확히 맞아떨어졌다. 감염을 예방하기 위해서는 우선 건물 안에서 환자와 외부인(방문객, 의료종사자)의 동선을 철저히 분리해야 했다. 아울러 햇빛을 많이 받아들일 수 있으면서 환기도 잘되는 큰 창이 필요했는데, 이는 모더니즘 건축가들이 추구하는 기능성, 합리성, 효율이라는 이념과 정확히 일치했다.

관심 있는 재료와 공법을 쓸 수 있는 프로젝트를 설계하게 되었으니 신이 안 날 수 있었을까? 다이커는 동료 건축가 베르나

르 베이푸트(Bernard Bijvoet), 구조기술자 얀 헤르코 비벵가(Jan Gerko Wiebenga)와 함께 의욕적으로 디자인을 시작했다. 요양원 설계에는 한 가지 특별한 조건이 더 있었다. 딱 삼십 년만 사용할 수 있는 병원을 만들어달라는 것. 당시 결핵이 무시무시하긴 했지만 머지않아 치료제가 개발되리라 예측됐기 때문이다. 이에 설계자들은 철근콘크리트 구조를 활용한 새로운 공사 기술로 경제적·의료적 효율이 집약된 건물을 제안했다.

다이커가 설계한 '햇빛요양원(Sanatorium Zonnestraal)'은 크게 세 구역으로 나뉜다. 남동쪽을 향해 길쭉한 세 건물이 나란히 자리한 본관, 본관에서 45도 날개 구조로 뻗어있는 두 건물이 병동이다. 햇빛은 효율적으로 받되 독립성을 보장하려고 한 건축가의 계획이 배치에서부터 드러난다. 햇빛을 잘 받는 곳에 건물 덩어리를 놓았으니, 이제는 그 빛을 얼마나 깊숙한 곳까지 끌어들일 수 있느냐가 문제다.

중앙의 큰 건물이 본관이고, 양 옆의 집게 모양의 건물 두 동이 병동이다.

여기서 콘크리트 구조 미학이 빛을 발한다. 시장에서 점심 식사를 배달하러 머리에 쟁반 탑을 쌓고 움직이는 상인을 본 적이 있는가? 무거운 걸 머리에 이고 어떻게 균형을 잡는지, 처음 봤을 때 그 놀라움이 지금도 잊히지 않는다. 기술이 아니라 예술이었다. 이렇듯 기술이 극한으로 갈 때 더는 기술의 영역이 아닌 예술의 차원으로 받아들이게 된다. 처음 요양원을 방문했을 때 건물을 보며 느낀 감정도 그랬다.

차에서 내려 건물 투어를 시켜줄 안내원을 기다리는 동안 본관을 바라보고 있었다. 날렵하고 얇은 캔틸레버 지붕과 바닥, 그 둘을 이어주는 더 얇은, 유리를 애처롭게 잡고 있는 듯한 파란색 프레임이 눈에 들어왔다. 온갖 생각이 떠돌았다. '너무 얇은데?' '저래도 하중을 버틸 수 있나?' '여름에 너무 덥지 않을까?' '겨울에 너무 춥지 않을까?' 한편으로는 이런 생각도 들었다.

'저게 가능했다고? 백 년 전에?'

햇빛요양원 본관. 왼쪽의 식당동과 오른쪽 진료동을 연결하는 브리지가 보인다. 환자들은 진료 후 원형 계단과 브리지를 거쳐 2층 식당동으로 이동한다.

캔틸레버 구조와 25밀리미터 두께의 얇고 파란
창틀은 건물이 하늘에 떠 있는 느낌을 준다.

앞서 말했듯이 이 건물을 계획할 때 중요한 포인트 중 하나
는 삼십 년만 쓸 건물을 만드는 것이었다. 당시만 하더라도 철
근콘크리트가 비쌌기 때문에, 최소한의 양을 쓰며 경제적인 건
물을 지어야 했다. 그래서 건축가와 기술자가 머리를 맞대어 극
한의 구조를 고안했다. 세로 3미터, 가로 9미터마다 기둥을 박
고 보를 연결한 다음 슬래브(바닥)를 얹었다. 일부 바닥 두께는
8~12센티미터에 불과했다. 콘크리트 강도가 발전한 지금과 비
교해도 터무니없이 얇았다. 공간의 기능과 수명을 고려해 두꺼
운 바닥이 필요한 곳과 얇아도 상관없는 곳을 나눠 시공했다.

그리고 당시 기술로는 콘크리트판을 만드는 거푸집을 최대
3미터 길이로만 제거할 수 있었기에 3미터 단위 모듈로 모든 공

간을 계획했다. 환자들이 머무는 개인 방은 가로세로 3×3미터로, 함께 모여 식사하는 본관 2층은 최대 9×9미터 공간이 나오도록 구성했다. 모든 구조가 일정한 비례 안에 움직인 덕에 하중이 균일하게 나뉘었고, 기둥을 최소화할 수 있었다.

당대 최고 기술과 건축가의 노력이 집약된 걸작, 햇빛요양원은 1928년 완공 이후 기대수명보다 오래 가지 못했다. 결핵 치료제가 예상보다 빨리 만들어지면서 세 건축가의 흔적은 역사 속으로 잊혔다. 새로운 기술을 도입하는 데 누구보다도 의욕적이던 젊은 건축가 다이커도 1935년, 마흔다섯의 젊은 나이에 안타깝게도 세상을 떠났다. 버려진 요양원은 1960년대 네덜란드 건축사학자들의 노력으로 재조명받기 시작했고, 리모델링을 거쳐 재활원과 사무 공간으로 다시 태어났다. 일회용 건물 역할론을 주장하던 다이커의 햇빛요양원은 역설적으로 새로운 생명을 얻었다. 또 다른 감염병과 마주할 미래. 건축은 어떤 역할을 할수 있을까? 살아있는 역사는 끊임없이 우리에게 질문을 던지고 있다.

더 깨끗한 공기를, 더 따뜻한 햇볕을 주고자 했던 건축가의 노력이 건물 곳곳에 남아 있다.

데이터가 공간이 될 때
빌라 브이피알오

힐베르쉼 시청사를 두 번째로 방문한 날, 날씨가 맑아 종탑 위까지 올라갈 수 있었다. 생각보다 차분한 도시 모습이 눈앞에 펼쳐졌다. 낮게 깔린 전원주택들 사이로 높게 솟은 나무들이 서로 연결되며 도시 먼 곳까지 이어졌다. 자연에 포근히 감싸 들어간 삶의 흔적들이 인상적이었지만 어찌 보면 평범하기도 했다. 그런데 북쪽을 바라보니 시선을 사로잡는 형형색색의 건물이 보였다. 한눈에 짐작할 수 있었다.

미디어 파크 초입에 위치한 네덜란드 시청각 연구소. 건물의 화려한 유리 입면은 네덜란드의 그래픽 디자이너 야프 드룹스테인(Jaap Drupsteen)이 영상 자료를 재구성해 만든 작품이다.

'아, 저기가 미디어 파크(Media Park)가 있는 동네구나.'

국경 없는 기자회는 180여 개 국가의 언론 자유 지수를 발표한다. 네덜란드는 거의 매년 최상위권을 놓치지 않을 만큼 언론의 자유도가 높다. 그만큼 저널리스트의 의식이 높고 시민들도 언론 보도를 신뢰하는 편이다.

네덜란드의 굵직한 미디어 회사들은 1960년대부터 힐베르쉼 북쪽에서 협업 문화를 만들기 시작했다. 이렇게 하나둘씩 모여 단지로 성장한 곳이 바로 미디어 파크다. 그 중 VPRO(Vrijzinnig Protestantse Radio Omroep)는 네덜란드 공영 방송 소속으로 실험적이고 창조적인 프로그램을 주로 제작하는 방송국이다. 1967년, 네덜란드 최초로 전국으로 방영되는 프로그램에 누드 아티스트를 등장시켰을 만큼 전위적인 작품을 만들기로도 유명하다. 설립된 지 백 년 가까이 되었을 만큼 유서가 깊지만, 그들이 힐베르쉼에 사옥을 지은 건 지금으로부터 스물다섯 해 전인 1997년의 일이다. 그리고 그 사옥을 설계한 당시 젊은 건축가 그룹이었던 MVRDV는 빌라 브이피알오(Villa VPRO)을 통해 20세기 말, 세계 건축계에 신선한 화두를 던졌다.

건축가들이 설계 의뢰를 받은 후 건물 지을 땅을 분석해 보니 제약이 많았다. 겉으로 보기에는 나쁘지 않았다. 미디어 파크 중심지와도 가깝고, 서쪽과 북쪽에 야트막한 언덕이 있어서 일과 쉼이라는 두 마리 토끼를 잡을 수 있을 것 같았다. 그러나 법적 규제 때문에 건물을 지을 수 있는 면적과 층수에 제한이 있었다.

회사가 사옥을 짓기로 한 첫 번째 목적이 열세 개 부서와 스튜디오 등을 한군데로 모으는 것이었는데, 제한된 면적 안에 이 공간들을 넣을 방법이 떠오르지 않았다.

그래서 건축가는 우선 설계를 위한 모든 조건을 수치로 변환해 데이터로 만들었다. 직원들이 일하는 방식을 유심히 살펴보면서 하나의 방송 프로그램이 만들어지기까지 어떤 사람들을 만나는지, 얼마나 큰 공간이 필요한지, 큰 공간은 꼭 필요한지 등을 검토했다. 외적인 요건도 함께 고려했다. 주어진 땅에 지을 수 있는 건물의 최대 면적을 알아

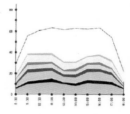

업무시간, 일조, 환기 등은 데이터로 변환되어 최적의 건물을 짓는 밑바탕이 되었다.

본 다음, 일조량과 환기 등 환경적 요소와 주변 지역에서 건물로 접근하는 방법을 반영해 최적의 조건에서 일할 수 있는 경우의 수를 찾았다. 이러한 데이터화 과정을 거쳐 VPRO 사옥이 탄생했다.

데이터를 바탕으로 공간을 빚는 과정에서 건축가는 크게 접거나 구부리거나 자르거나 파내는 전략을 사용했다. 가로세로 각각 42.4미터의 5층짜리 직육면체 건물 형태를 만든 다음 주변 공원과 도시 지형을 그대로 건물 안으로 끌어들였다. 지형에 따라 구부러진 판은 자연스럽게 각 층의 바닥이나 천장 혹은 계단이 되면서 다양한 공간을 지닌 건물이 탄생했다. 넓은 정사각형 평면의 건물이라 채광과 환기에 약한 태생적 단점은 중간중간 공간을 자르고 파내어 해결했다.

바닥을 접거나, 들어 올리거나, 구부려서 주변 지형의 훼손을 최소화했다.

건물을 답사하면서 처음 느낀 건 '복잡함'이었다. 뻥 뚫리거나 둥글게 말리거나 여기저기 계단으로 연결된 공간 자체는 흥미로웠으나 여기가 도대체 몇 층인지, 무엇을 하는 부서인지 가늠이 되지 않았다. 실제로 가이드를 담당한 직원이 알려주기를, 사옥이 처음 공개되었을 때 모두 난감해했다고 한다. 이상한 공간이 있는데 이건 도대체 어떻게 쓰라는 건지, 왜 여기는 쓸데없이 계단이 가파르고 저기는 너무 좁은지 여기저기서 불만이 터져나왔다. 하지만 공간을 사용하다 보니 이보다 치밀하게 계획된 공간이 없음을 알게 되었고, 지금은 직원 모두가 세상 하나밖에 없는 이 공간의 구석구석을 알차게 활용한다고 한다.

각 층의 단면을 접고, 구부리고, 자르고, 파내어 만들어진 공간은 독특함 그 자체였다.

어느 위치에서 봐도 각기 다른 형태를 보여 준다.

MVRDV는 20세기 말 VPRO 사옥을 세상에 내놓으며 건축을 데이터(Data)와 풍경(Landscape)이 결합한 '데이터스케이프(Datascape)'로 설명했다. 복도를 지나 회의실과 방송실이 있는, 정형화된 공간을 설계하는 것 대신 여기서 새로운 무언가를 만들어갈 사람들을 떠올렸기에 더욱 실용적인 공간이 나올 수 있었다.

최근 인공지능이 발전함에 따라, 데이터 분석도 더욱 정교해지고 있다. 만약 인공지능 기술이 그때 당시 더 발달했더라면 지금보다 더 치밀하고 완성도 높은 공간이 만들어졌을 수 있다. 하지만 제아무리 인공지능이 발달하더라도 인간이 서로 교류하며 만드는 불규칙한 복잡성과 우연성, 직관을 데이터로만 담아내기에는 역부족이다. 데이터를 해석한 건축가의 전략이 복잡한 삶의 가치를 감싸줄 수 있기에, 세월이 지난 지금도 데이터스케이프가 유효한 게 아닐까.

기차를 타고 돌아오는 길. 도시에서 본 건물을 하나씩 떠올렸다. 힐베르쉼이라는 조용한 평원 위에 비범한 자태로 서 있던 모던한 시청사. 평생 쓰기 위해 짓는 건축이라는 패러다임에서 벗어나 건물의 수명을 미리 정해두고 만든 요양원. 시대의 흐름을 반영한 업무 공간까지. 건물이 지어진 시대적 배경을 생각해보니, 통념을 깨고 새로운 개념을 납득시켜야 했을 건축가들이 대단하게 느껴졌다.
익숙하고 편안한 공간을 만드는 것도 좋은 건축이다. 하지만 낯설더라도 끊임없이 새로운 공간을 만들고 사람들을 설득하는 게 진보한 삶을 위한 건축가의 책무 아닐까.

좋은 건축이란
어느정도 불편함을 담보한 건축일지도 모른다.

Latvia,
Riga

아르누보의 도시

리부 광장(Livu Square). 여름에는 야외 카페와 아름다운 화단이, 겨울에는 스케이트장이 시민들을 불러 모은다.

디자이너의 안목과 애정이 깃들면
건물뿐만 아니라 주변 분위기도 살아난다.

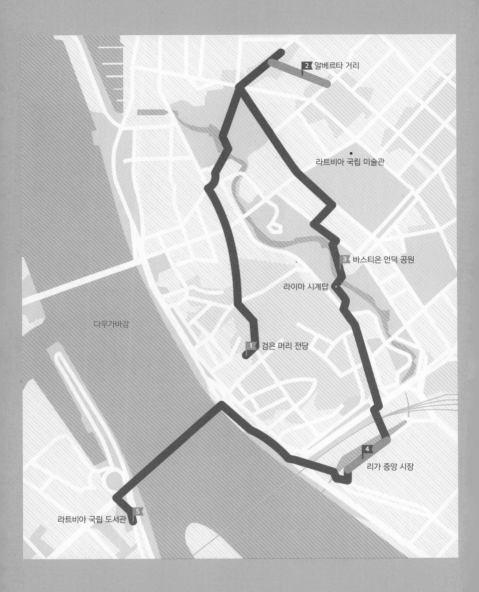

라트비아 국립 미술관

3 바스티온 언덕 공원

라이마 시계탑

다우가바강

1 검은 머리 전당

4 리가 중앙 시장

라트비아 국립 도서관 5

건축과 자연이 조화를 이루다

검은 머리 전당이 있는 구도심에서 출발해 위쪽으로 걷다 보면 아르누보 건축으로 가득한 알베르타 거리에 다다른다. 그곳에서 조금만 내려오면 리가의 랜드마크, 바스티온 언덕 공원이 있다. 운하를 따라 걷다 보면 중앙 시장으로, 다리를 건너면 라트비아 국립 도서관에 이른다. 사람과 자연, 건축이 한데 어우러진 도시다.

라트비아의 중심
검은 머리 전당과 성 베드로 성당

한국에 북유럽 인테리어 붐이 인 적이 있다. 핀란드와 스웨덴에 본부를 둔 가구와 조명 업체가 유명해지면서 자연스레 사람들의 관심이 북유럽으로 향했다. 그러나 이곳에는 스웨덴, 덴마크, 핀란드만 있는 게 아니다. 유럽 지도를 펼쳐놓고 보면 핀란드 아래 발트해 연안에 한 번쯤 들어봤음직한 나라들이 있다. 에스토니아, 라트비아 그리고 리투아니아. 이 세 나라를 '발트 3국'이라고 부른다. 모두 소련으로부터 독립한 국가이자 발트해 연안에 모인 지리적 특성 때문에 한데 엮이곤 한다. 그중 이번에 살펴볼 도시는 라트비아의 수도 리가(Riga)다.

라트비아는 이름부터가 생소하다. 이름을 들어봤다 해도 어디 있는지 모르는 사람이 태반이다. 주위 사람들에게 물어보니 대부분 이런 답변이 돌아왔다. "라트비아? 들어본 것 같긴 한데,

축구 영상에서 본 것 같기도 하고. 러시아 쪽에 있는 나라 아닌가?" 리가라는 수도 이름이 더 생소한 건 물론이다. 소련에서 갓 독립한 신생 국가 이미지를 떠올리며 지도를 살펴보는데, 도시 구조가 예사롭지 않다. 강과 함께 발달했다는 건 여느 도시와 다를 것이 없지만 중심으로 샛강이 가로지르고 있다. 이는 분명 운하의 흔적이다. 도심 안에 이렇게 큰 운하가 버티고 있다는 건, 리가가 현대에 와서 발달한 도시가 아니라는 뜻이다.

구도심으로 진입하는 광장. 리가를 방문하는 사람들의 눈길을 사로잡는 건물이 있다. 언뜻 봐도 예사롭지 않은 자태. 네 개의 검은 석상과 화려한 장식으로 한껏 멋을 낸 검은 머리 전당(House of the Blackheads)이다. 과연 이 건물의 주인은 누구일까? 그리고 무엇을 하던 건물이기에 이토록 특이한 걸까?

오랜 옛날 유럽에서는 육로보다 해로가 더 발달했다. 요즘처럼 길이 잘 닦인 곳이 없었기 때문에 배로 물건을 실어 나르는 것이 훨씬 유리했다. 중세 시대 바다와 가까운 도시가 발달한 것은 당연한 이치였다. 만약 여러 나라로 쉽게 닿을 수 있는 곳에 자리 잡고 있으면 금상첨화가 아니었을까? 그런 곳이 다름 아닌 리가였다.

중세 상인들은 본인들의 이익과 권리를 지키기 위해 지역별 연합체를 조직했다. 길드라 불리는 이 집단은 현재의 상공회의소에 해당한다. 그중 리가에서 활동하던 길드 이름이 바로 '검은

성 베드로 성당(왼쪽)과 검은 머리 전당(오른쪽). 리가를 상징하는 장소인 만큼 관광객의
발길이 끊이지 않는다.

머리 형제단'이었다. 세계 곳곳을 누비며 무역했던 이들은 이집트 출신 흑인 성인인 모리스(St. Maurice)를 수호신으로 삼았다. 수호신의 모습을 따 길드의 이름을 검은 머리라고 지은 것이다. 14세기부터 길드의 숙소와 연회장으로 쓰인 검은 머리 전당에서 주목해야 할 부분은 입면이다. 단순히 화려하게 장식된 것처럼 보이는 입면에는 흥미로운 이야기와 정보들이 담겨 있다. 어떤 메시지가 담겨 있는 걸까? 찬찬히 음미해보자.

우선, 성당 입구를 보면 문 양쪽으로 성 모자상과 성 모리스상이 있다. 길드 상인들은 가톨릭 교리를 바탕으로 수호성인을 한 분씩 모셨는데, 이곳에서는 건물과 사람이 만나는 가장 가까운 곳에 신의 모습을 새겨 넣었다. 자신들을 가까이에서 지켜달라는 의미인데, 동시에 방문객에게 전하는 메시지이기도 했다. '여기는 성 모리스를 모시고 있습니다.' 무엇을 하는 건물인지 힌트를 찾을 수 있는 건 입구뿐만이 아니다. 고개를 들어 건물 가운데를 바라보면 네 개의 검은 석상이 시선을 사로잡는다. 왼쪽

검은 머리 전당으로 들어가려면 반드시 성 모자상과 성 모리스상을 만나야 한다.
미래가 불확실한 가운데 길드 상인들은 절대자를 향해 더 큰 믿음을 품어갔다. 이는 전당 입면에 석상으로 표현되었다.

부터 차례로 바다의 신 포세이돈, 조화의 여신 하모니아, 평화의
여신 에이레네, 전령의 신 헤르메스가 보인다. 굳이 설명하지 않
아도 상인들이 왜 많고 많은 신 중에 이 네 신을 전당에 모셨는
지 고개가 끄덕여진다. 보이지 않는 수평선 너머를 항해하는 상
인들이 의지할 수 있는 건 절대자를 향한 기도뿐이었을 것이다.

한편, 신들의 머리 위에 있는 문양들은 당시 리가와 긴밀하게
교류하던 브레멘(Bremen), 뤼벡(Lubeck), 함부르크(Hamburg)를
상징한다. 중세 독일의 상인 조합인 한자동맹이 리가에까지 영
향력을 미쳤음을 짐작할 수 있다. 가장 왼쪽, 포세이돈 석상 위
에 두 개의 열쇠가 성문 위로 교차한 문양은 리가의 것이다. 일
반적으로 열쇠 두 개는 가톨릭의 초대 교황인 베드로를 상징하
는데, 그 말인즉 이 도시 어디엔가 베드로의 흔적을 찾을 수 있
다는 걸까? 답은 너무도 가까이 있었다. 검은 머리 전당 바로 옆
에 청동빛 첨탑이 있는 성당이 있다. 리가를 대표하는 랜드마크
인 성 베드로 성당(St. Peter's Church)이다.

13세기 초에 건설된 성 베드로 성당은 유럽의 다른 성당과 마
찬가지로 여러 차례 재건축을 거쳤다. 각 시대에 유행한 양식을
반영해 보수가 이뤄졌기에 건축적으로는 온갖 양식이 혼합되어
있다. 부분 부분을 따져가며 역사를 알아보는 것도 흥미롭겠지
만, 다른 무엇보다도 첨탑 위 전망대에서 바라본 리가의 풍경을
꼭 말하고 싶다. 유럽 도시들을 돌아다니면서 수많은 전망대에

성 베드로 성당 전망대에서는 리가의 아름다운 전경이 한눈에 들어온다.

올랐지만, 리가만큼 강렬한 인상을 받은 곳은 없었다. 근사할뿐
더러 여기저기 숨은 이야기가 많기 때문이다.

『냉정과 열정 사이』의 배경인 이탈리아 피렌체, 붉은 지붕
의 체코 프라하, 야경이 돋보이는 헝가리 부다페스트 못지않게
리가의 경관도 아름답다. 굽이쳐 흐르는 다우가바강을 사이에
두고 중세 돔 성당과 현대 건물들이 마주한다. 둘 사이에 놓인
625미터 사장교가 시대를 넘어선 조화를 상징한다. 전망대 아
래 펼쳐진 다양한 건축은 이 땅의 지난날을 오롯이 보여 준다.
글로 된 역사를 한 폭의 아름다운 풍경으로 빚어낸 듯하다.

360도 파노라마로 펼쳐진 전망대를 걷고 있으니 시대를 상징
하는 건물이, 도시 조직이, 자연이 말을 걸어왔다. 중세에 번성
했던 시가지와 도시 운하, 20세기 초 독립 전쟁을 기리는 자유
기념비, 스탈린 스타일의 과학 궁전. 이에 더해 현대 건축의 역
할을 고민한 강변의 라트비아 국립 도서관까지. 여러 시대를 관
통하는 도시 속살들이 그대로 남아 있다.

백 년 전으로 타임슬립
알베르타 거리

건축에서 양식은 시대를 말한다. 대개 당시에 유행하는 방법을
따르기 때문이다. 그래서 건물을 보면 시대를 짐작할 수 있다.
한 도시에 특정 양식이 유난히 많이 발견된다면? 그것은 해당
스타일이 유행하던 시기에 도시가 전성기를 맞았음을 보여 준
다. 리가에는 중세 시대 번영을 상징하는 검은 머리 전당이 있
지만 조금 더 돌아다니다 보면 특별한 건축 스타일이 자꾸 눈
에 띈다. 바로 20세기 초반, 유럽에서 잠시 유행한 아르누보(Art
Nouveau) 양식의 건물이다.

중세 시대부터 한자동맹의 중심지였던 리가는 19세기 말, 산
업혁명으로 도시에 사람이 몰리자 두 번째 황금기를 맞는다.
1857년 7만 명이던 인구는 1914년 57만 명으로 급증했다. 이들

을 수용하기 위해 도시 역시 눈에 띄게 팽창했다. 성벽을 감싸고 있던 자리는 녹지로 변하고 구도심 밖으로는 반원형 대로가 놓였다. 신도심이 건설되면서 곳곳에 공공 건물과 문화 시설이 들어섰다. 리가의 신흥 부유층은 축적한 부를 활용해 그 시대에 가장 유행한 방식으로 건물을 짓기 시작했다. 때마침 석재 사용 금지법이 폐지되면서 도시 곳곳은 화강암으로 만든 아르누보 건물로 채워졌다.

아르누보 건물이 리가만큼 많이 남아 있는 곳도 흔치 않다. 아르누보는 프랑스어로 '새로운 예술'이란 뜻으로, 1890년부터 불과 스무 해 동안 유럽 전역에서 일어난 미술 경향이다. 산업혁명의 촉발로 공장에서 대량 생산이 가능해지면서 미술을 바라보는 시선이 바뀐다. 장식을 제거하고 기능에 충실한 물건들이 생산되기 시작했고, 이를 반대하는 예술가들은 둘로 나뉘었다. 대량 생산 제품의 조잡함을 비판하며 손으로 만든 예술작품의 위대함을 역설했던 미술 공예 운동(Art and Craft Movement)이 있었는가 하면, 아르누보 계열의 예술가들은 산업화에 딱히 부정

적이지 않았다. 그들은 발달한 기술로 생산한 재료에서 새로운 가능성을 보았다. 문제는 새로운 재료들을 어떻게 표현하느냐는 것이었다. 아르누보의 상징적인 장면이 펼쳐진 프랑스로 잠깐 가보자.

1900년, 프랑스 파리에 지하철 1호선이 개통한다. 지하철의 역사만 따지자면 빠른 개통은 아니었다. 런던 지하철이 1863년에 시작되었으니 삼십 년 이상 늦은 셈이다. 산업화와 도시 개발이 빠르게 이루어진 걸 생각하면 의아할 정도다. 왜 그랬을까? 파리의 역사 경관을 훼손하지 않으려 첨예한 토론을 벌인 까닭이다. 지상철로 할지, 지하철로 건설할지만 십 년 넘게 논의했다. 경쟁 국가에 첫 타이틀의 영예를 빼앗긴 대신 어떤 모습으로 대중 앞에 선보여야 할지 고민했을 것은 굳이 말하지 않아도 짐작할 수 있다. 그런데 지하철이 개통되는 첫날, 시민들과 세계의 이목을 사로잡은 것은 다름 아닌 지하철 지상 출입구였다.

나무의 유려한 곡선을 연상시키는 철제 장식 위에 유리로 마감된 출입구는 새로운 재료로 탄생한 예술을 보여 주는 신호탄이었다. 곧 유럽 전역으로 소문이 퍼져나갔다. 현대 가요에서 리듬 앤드 블루스라는 장르가

엑토르 기마르가 디자인한 파리 지하철 입구.
자연을 닮은 곡선과 새로운 재료의 조합은
사람들의 이목을 사로잡았다.

나라마다 조금씩 다르듯이, 아르누보도 나라마다 조금씩 모습을 달리했다. 독일권은 유겐트 양식(Jugendstil), 이탈리아는 리버티 양식(Stile Liberty), 프랑스는 출입구를 설계한 엑토르 기마르의 이름을 따 기마르 양식(Style Guimard)로 불렸다. 이름과 스타일은 약간씩 다르지만 새로운 재료를 바탕으로 자연과 인간의 모습에서 디자인 모티프를 가져왔다는 공통점이 있었다.

아르누보가 유행하던 시기에 전성기를 맞은 리가에는 지금도 그 흔적이 고스란히 남아 있다. 도시 중심부 건물의 약 삼분의 일이 아르누보 스타일이고, 특히 알베르타 거리(Albert Street)에는 이런 건물이 양쪽으로 줄지어 있다. 도시를 건설한 알베르

화려한 장식도 눈에 띄지만, 조금은 섬뜩한 조각상들도 더러 볼 수 있다.

타 대주교 이름에서 유래한 이 거리는 1901년, 리가 건설 칠백주년 기념 박람회를 준비하며 만들어졌다. 5층 높이로 화려하게 장식된 건물의 입면을 바라보며 천천히 발걸음을 옮기면 탄성이 절로 나온다. 동그라미와 직선이 강조된 입면과 더불어 눈에 띄는 것은 사람 얼굴 부조다. 눈동자가 없어 섬뜩하게 느껴지기도 한다. 분명 파리 지하철 출입구에서는 찾아볼 수 없는 디자인이다. 귀신같은 얼굴 조각은 19세기 전후 핀란드에서 유행한 민족적 낭만주의의 흔적이다.

라트비아와 이웃한 핀란드는 오랫동안 스웨덴과 러시아의 지배를 받았다. 민족 고유의 정체성을 찾고 독립을 열망하는 기운이 미술, 음악 등 다양한 분야에서 흘러나왔는데 건축도 마찬가지였다. 핀란드 민족주의 건축가들은 선사 시대나 외세의 침략을 받기 전인 중세 시대를 지향점으로 삼았다. 그래서 그때쯤 지어진 거칠고 굳건한 화강암 석조 건물과 뾰족한 탑에서 디자인 모티프를 가져왔다. 일반적인 아르누보의 특징이라 하면 곡선이 꼭 포함되어야 한다고 생각하는데, 라트비아에서 유행한 아르누보 건물에서 직선이 두드러지는 것은 이런 영향 때문이다. 이와 더불어 전설 속 영웅들의 얼굴과 민담에 등장하는 악귀를 건물 입면에 표현하기도 했는데, 이는 산업화로 인간미를 잃어가는 세상에 대한 비판이기도 했다.

오늘날 잘 보존된 모습으로 방문객을 맞이하는 알베르타 거리 건물들은 유럽에서 잠시 유행한 한 미술 사조의 라트비아 버전을 잘 보여 준다. 현대 사람들은 더 이상 아르누보 시대에 살지 않는다. 하지만 당시의 번영이 있었기에 지금 리가가 있다. 사람도 끊임없이 주변의 영향을 받으며 자라듯이, 건물도 마찬가지다. 사람도 건물도 결국은 똑같다.

라트비아 독립 전쟁으로 숨진 군인을 추모하는 기념비.

도심 속 여유를 즐기다
바스티온 언덕 공원

동서양을 막론하고 공통적으로 발견되는 구조물이 있다. 성이
다. 우리 마을, 우리 땅을 지키기 위해 사람들은 동네 울타리에
돌과 흙을 쌓아 외적의 침입을 대비했다. 성곽을 따라 땅을 파고
물을 채워 해자를 만들기도 했다. 우리나라는 지형이 험해 자연
이 어느 정도 성벽 역할을 했지만 유럽은 자연의 도움을 받기가
어려웠다. 알프스 지역을 제외하면 지형이 비교적 평탄하기 때
문이다. 프랑스 남부 피레네 산맥부터 러시아 우랄 산맥까지, 광
대하게 펼쳐진 유럽 대평원에 자리 잡은 도시를 보면 지금도 성
곽 흔적이 나이테처럼 남아 있다. 그만큼 성곽과 해자가 크고 견
고했음을 뜻한다.

특히 중세에 번성한 도시에서 이런 특징이 두드러진다. 11세
기, 인구가 증가하고 교역이 발달하자 지방 영주들은 궁(내성)

리가 구도심 곳곳에는 옛 성벽의 흔적들이 남아 있다.

을 중심으로 넓게 성벽(외성)을 둘렀다. 그 사이로 촘촘하게 도
시 구조를 짜고 성 안에 사는 시민들에게 일정한 권리를 부여
했다. 당시만 해도 치안이 너무나 불안했기에 사람들은 너도나
도 성 안에서 안전하게 살고 싶어 했다. 그들은 영주에게 세금
을 내고 통제된 구역 안에 들어와 살기 시작했다. 이 구역을 부
르(Bourge), 이곳에 사는 사람들을 부르주아(Bourgeois)라 불렀다.
넓은 땅이 필요한 농민들은 어쩔 수 없었으나 상공인들은 안전
한 주거와 교역을 담보하는 성으로 몰려들었다. 도시는 점점 커
졌다. 성곽과 해자 또한 다른 모습으로 변해갔다.

아기자기함이 돋보이는 구도심을 돌다 이내 신도심과의 경계를 알리는 라이마 시계탑(Laima Clock)에 다다랐다. 소박해 보이기도 하지만 오랜 기간 만남의 장소로 활용되었다. 현재도 리가 시민들이 약속 장소를 잡을 때 '시계탑에서 만나자'고 하니 이미 도시를 대표하는 랜드마크가 된 셈이다.

탑 너머 보이는 우뚝 솟은 기념비를 따라 신도심으로 향하려는데, 두 도심을 확연히 구분 짓는 녹지대가 눈에 들어왔다. 언뜻 보아도 수령 백 년 이상 되어 보이는 듬직한 나무들과 언덕 위에 펼쳐진 색색의 아름다운 꽃들, 작은 시내를 유유히 가로지르는 백조 가족이 어우러져 한 폭의 수채화 같았다. 한가로운 주말의 여유를 즐기고 있는 사람들을 보는 것만으로도 마음이 포근해지는 이곳은 필제타스 운하(Pilsētas Kanals)를 따라 길게 펼쳐진 바스티온 언덕 공원(Bastion Hill)이다.

바스티온은 '요새'라는 뜻이다. 이 지역이 군사적 목적과 관련 있었다는 이야기다. 18세기 말 해외 무역이 호황을 누리면서 북해와 인접한 리가도 급격한 산업 발전을 이루었다. 인구도 수년 사이 폭발적으로 증가해 이들을 수용할 도시 구조도 새롭게 디자인해야 했다. 도시 재건을 위한 계획이 1857년부터 1863년 사이에 실행됐다. 그중 가장 큰 변화는 오랜 시간 성벽과 해자로 둘러싸여 있던 자리를 녹지와 도시 운하로 바꾸는 일이었다.

도시 재건 계획은 스물일곱 살의 독일 태생 조경가 게오르그 쿠프할트(Georg Kuphaldt)에게 맡겨졌다. 조경가로 활동하던 그는 1880년 전격적으로 리가 도시 공원과 정원을 책임지는 감독으로 임명됐다. 이후 제1차 세계대전이 발발하기까지 무려 서른네 해 동안 도심 곳곳을 디자인했다. 뉴욕에 도시공원 개념을 도입해 센트럴파크를 디자인한 옴스테드(F. L. Olmsted)가 있었다면, 리가에는 쿠프할트가 있었다.

1830년대 리가 지도를 보면 구도심 주변으로 요새와 해자가 뚜렷하게 나타나 있다. 상당한 지역을 공원으로 바꾸는 과정에서 쿠프할트가 추구한 원칙은 두 가지였다. 해자를 사람들이 배를 타고 노닐 수 있는 운하로 바꾸는 것, 요새가 차지하고 있던 지형을 최대한 살려 아름다운 녹지대로 바꾸는 것이었다. 이를

리가 중심을 흐르는 필체타스 운하.
따스한 햇살과 함께 시민들에게 쉼을 준다.

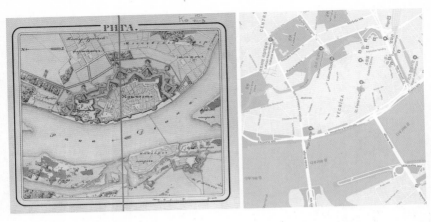

(왼쪽)1830년대에 그려진 리가 지도.
(오른쪽)현재 리가 지도. 도시 운하와 공원으로 바뀐 해자의 흔적이 보인다.

실현하고자 상류에 제어 장치를 설계해 인접한 강으로부터 조수간만 영향을 받지 않게 했다. 그 후 별 모양으로 만들어진 구불구불한 해자를 유지하며 다리 세 개를 건설했다. 현재 완성된 공원은 리가 중심부를 가로지르며 무려 3.2킬로미터가 이어진다. 그런데 산책로를 따라 걷다 보면 전혀 지루하지 않다. 이 공원에는 흥미로운 인공 요소들이 자연 풍경과 어우러지기 때문이다.

언덕을 따라 내려오는 작은 인공 폭포가 운하와 만나는 곳에는 아담한 다리가 놓여있다. 성벽을 철거하고 세 개의 큰 다리를 건설하는 과정에서 함께 만든 이 돌다리는 원래 목조였다. 하지만 불과 아홉 해 만에 시민들의 요청으로 돌다리로 바뀌었다. 목

사랑의 다리에는 색색의 자물쇠가 걸려있다. 리가의 아기자기한 매력을 잘 보여 주는 장소다.

재 다리가 너무 어설펐던 데다 경사가 하도 심해서 겨울이 되면 시민들이 자꾸 미끄러져 다쳤기 때문이다. 오죽하면 사람들이 '세계 8대 미스터리 중 하나'라고 불렀을까. 그러나 지금은 그 흔적을 찾아볼 수 없을 정도로 너무나 아름답게 바뀌어 있다.

특히 다리 철제 난간에는 색색의 자물쇠가 달려있다. 다른 도시에서도 하나쯤 볼 수 있는 사랑의 다리와 다른 점은 결혼한 커플들만 자물쇠를 채울 수 있다는 점이다. 결혼식 당일, 다리 난간에 서로의 이름과 결혼기념일을 새긴 자물쇠를 걸고 운하에 열쇠를 던지는 것이 리가의 새로운 전통이 되었다. 사람들에게 조롱만 받던 못난이 다리였지만 시민들의 기억 속에 아름다움을 선사하는 멋진 다리로 바뀌었다.

이 외에도 운하 주변을 따라 걸으면 재미있는 오브제들을 차례로 만날 수 있다. 백여 년 전 리가의 조류 사육사 협회에서 기증한 두 쌍의 백조가 살았다는 스완 하우스와 중국식 정자, 등대, 분수가 자칫 따분해질 수 있는 풍경을 즐겁게 한다.

전쟁의 증거에서 삶의 동력으로
리가 중앙 시장

필제타스 운하를 따라 도시의 남쪽으로 내려가다 보니 다우가
바강과 만나는 어귀에 특이한 건물군이 눈에 들어왔다. 비행기
격납고처럼 생긴 아치형 단층 건물들인데, 단순히 창고라고 하
기에는 입구가 아르데코(Art Deco) 양식으로 충실히 꾸며져 있었
다. 운하를 마주 보며 연결된 네 건물과 측면에 떨어진 한 건물
을 합쳐 총 다섯 쌍둥이 파빌리온으로 구성된 이곳은 하루 평균
7만 명 이상이 방문하는 '리가 중앙 시장'이다.

　앞서 이야기했듯이 리가는 19세기 후반부터 20세기 초반에
걸쳐 도시 규모가 급격히 팽창했다. 시민들이 자꾸만 늘어나자
시 의회는 새로운 중앙 시장 개발을 논의하기 시작했다. 하지만
야심 찬 첫 계획은 제1차 세계대전 발발로 중단되고 말았다. 사
년여의 전쟁이 끝나고 1922년 겨울, 의회는 기존의 오래된 시장

을 옮기기로 하고 이듬해 국제 설계 공모를 개최했다. 새로운 시장은 높은 위생 수준을 갖추고 축구장 열네 개에 해당하는 큰 규모를 수용할 수 있어야 했다.

공모전에서 당선된 건 라트비아 건축가 파빌스 드레이마니스(Pāvils Dreijmanis)의 안이었다. 그는 세계대전 당시 라트비아 서쪽에 건설된 독일군 비행기 격납고를 재활용하자는 아이디어를 냈다. 넓은 부지를 활용해야 하는 데다, 독일군이 이 시설을 버리고 철수했으니 이미 만들어진 철제 구조를 그대로 가져와 재조립하면 된다는 제안이었다. 공모전 당선 이후 실제 디자인 과정에서는 지붕의 일부만 활용했지만, 아이디어와 과정 자체는 건물 재활용이 화두로 떠오른 지금도 시사하는 바가 크다.

아르데코 양식이 돋보이는 건물 입면.

이 건물에서 눈여겨보아야 할 점은 지붕 구조뿐만이 아니다. 운하를 마주 보고 있는 입면도 흥미롭다. 자칫 딱딱한 비행기 격납고처럼 보일 수 있었던 입구는 건설 당시 유행했던 아르데코 스타일로 꾸며졌다. 아르누보가 자연의 곡선을 모티프로 삼아 산업화 이후의 새로운 표현 방식을 보여 줬다면, 아르데코는 아르누보가 받아들이지 않았던 좌우대칭이나 기하학적 문양을 적극적으로 활용했다. 나란히 선 건물이 같은 입면으로 디자인된 점과 출입구를 중심으로 좌우대칭인 형태, 유리라는 새로운 재료를 적극적으로 사용한 점에서 그 특징이 잘 드러난다. 제2차 세계대전을 기점으로 기능주의와 합리주의에 바탕을 둔 건축이 유행하면서 아르데코는 명맥이 끊어졌다. 그러나 20세기 후반, 포스트모더니즘 건축 바람을 타고 다시 주목받기도 했다.

건물의 기능적인 분리도 흥미롭다. 시장을 거닐다 보면 큰 전시장을 오가는 듯한 착각에 빠진다. 각 건물은 고기, 유제품, 음식, 채소, 생선 전문 파빌리온으로 나누어져 있고, 남쪽 광장으로는 정기 시장이 길게 들어서 사람들로 북적거린다. 그런데 이 넓은 공간에 보관 창고가 보이지 않는다. 모름지기 상설 시장이라면 물건을 싣고 나를 때 편리하도록 뒤쪽으로 보관 창고를 두는데 이곳은 좀처럼 보이지 않았다. 숨겨진 제3의 공간

왼쪽부터 고기, 유제품, 음식, 채소, 생선 파빌리온. 운하 너머로 버스 터미널이 보인다.

은 어디에 있는 걸까?

결국 비밀을 찾지 못하고 다른 곳으로 향했다. 후에 알아보니 답은 지하에 있었다. 시장 지하에는 6천 평에 이르는 공간과 각각의 파빌리온을 연결하는 337미터의 통로가 있다. 판매자 혹은 가이드 투어 신청자들만 접근할 수 있는 이 공간에는 다양한 온도의 창고와 환경을 제어하는 시설이 있다. 판매자와 방문객 동선을 위아래로 분리해 공간 효율을 극대화한 셈이다. 1997년 리가 구도심이 유네스코 세계문화유산으로 지정될 당시, 시장 영역까지 포함되는 데 충분한 이유가 있었음을 느꼈다. 단순히 커서가 아니라 근대의 역사 아래 빚어진 혁신과 문화가 녹아있었기에 가능했던 일이 아니었을까.

각 파빌리온을 연결하는 시장 지하 길.

시장의 매력은 굳이 열거하지 않아도 모든 사람이 잘 알고 있다. 그러나 변화하는 시대에 시장이 어떻게 대응해야 할지는 다른 차원의 문제다. 리가도 2000년대 후반 대대적인 리모델링 사업을 통해 파빌리온 사이의 동선을 개선하고 서비스와 치안 등 여러 산적한 문제를 해결했다. 하지만 불과 십 년 전과 지금이 또 다른 것처럼, 하루가 다르게 변하는 유통 구조 속에서 오프라인 시장은 도시에서 어떤 역할을 할 수 있을까.

변화하는 시대의 요구에 대응하는 건
건축이 지녀야 할 가치다.

강 건너의 딜레마
라트비아 국립 도서관

"여기가 파리에서 에펠탑을 볼 수 없는 유일한 장소니까요."

『목걸이(La Parure)』로 유명한 프랑스의 대문호 기 드 모파상이 에펠탑 내 레스토랑에서 식사하며 했던 말이다. 그는 유명한 에펠탑 반대론자였다. 파리에 처음 세워질 당시 에펠탑은 많은 예술가와 시민들에게 흉물로 여겨졌다. 유서 깊은 역사의 도시에 노트르담 성당보다 높은 철탑이 들어섰으니 반대가 오죽했을까. 하지만 백 년이 흐른 지금, 에펠탑은 프랑스의 심장이자 유럽의 상징으로 여겨지고 있다.

2014년, 자하 하디드가 설계한 동대문 디자인 플라자(DDP)가 개관했을 때 나는 네덜란드에서 대학원을 다니고 있었다. 당시

DDP는 한국은 물론 세계 건축계에서 주목받았다. 내가 한국인이었기에 대학원 친구들은 유난히도 이 건물에 대해 의견을 물었다. 그런데 그 친구들이 간과하고 있는 사실이 있었다. DDP가 세워진 장소가 동대문이라는 상징적인 문화재 근처이자, 성곽이 지나갔던 자리라는 점이다. 다들 이 땅의 역사적 의미를 모른 채 형태만 가지고 질문했다. 그래서 나는 질문을 받을 때마다 장소의 고유성과 괴리된 디자인 때문에 많은 논란이 있으며, 에펠탑 건설과 비견할 만하다고 했다. 대화를 나누던 중 라트비아에서 온 친구가 자기 나라에도 비슷한 건물이 있다며 라트비아 국립 도서관(National Library of Latvia)을 소개했다.

도서관의 실물을 접하니 저절로 고개가 끄덕여졌다. 저러니 비판받을 수밖에. 사실 리가 풍경에는 특이한 건물들이 드문드문 보인다. 하지만 대부분은 시대적 배경을 짐작할 수 있다. 소

라트비아 국립 도서관으로 한 걸음씩 다가갔다. 이제껏 봐온 구도심 건축과는 확연히 다른 모습에 그 사연이 궁금해졌다.

련 지배 시절의 스탈린 스타일이라든지, 아르누보 양식이라든지. 그런데 이 도서관은 좀처럼 배경이 읽히지 않았다. 저 형태는 대체 어디서 온 걸까.

1988년 크리스마스 아침, 라트비아 출신으로 미국에서 활동하고 있던 건축가 군나르 비르케르츠(Gunnar Birkerts)는 라트비아 건축협회로부터 전화 한 통을 받는다. 새 국립 도서관 설계를 맡아달라는 요청이었다. 라트비아가 소련으로부터 독립하기 이년 전이었지만, 소련 서기장 고르바초프의 정책 혼란기를 틈타 독립을 향한 열망이 커지고 있었다. 이런 상황 속에 진행되는 설계라는 걸 모를 리 없었다.

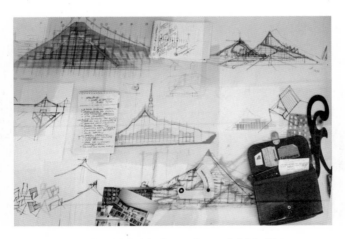

군나르가 남긴 도서관 스케치와 사진, 메모들. 그는 조국의 희망을 건축으로 표현하고자 했다.

"나는 국립 도서관이 소련에서 독립할 라트비아의 새로운 상징이 되어야 함을 알고 있었습니다. 문제는 정체성이었지요."

새로운 도서관 공사는 이로부터 스무 해가 지난 2008년에야 시작됐다. 국가 내부 사정으로 여러 차례 지연되다가 1999년 유네스코 공식 후원 프로젝트로 선정되며 첫 삽을 뜬 것이다. 공사비만 2억 유로(한화 약 2천 5백억 원)가 들어가는 대규모 프로젝트였다. 비르케르츠의 초기 디자인 개념과 스케치는 세월의 다리를 건너 마침내 실현되었다.

건축가는 전통 요소에서 찾아낸 라트비아의 정체성을 건물의 선과 면, 그리고 재료에 담아냈다. 건물에서 가장 두드러지는 동쪽 입면은 오래전부터 전해 내려오는 이야기를 바탕으로 디자인되었다. 라트비아 설화에서 '크리스털 산'은 달성해야 하는 높은 목표를 뜻한다. 오르기 쉽지 않지만 부단한 시도 끝에 산봉우리를 정복하는 자에게는 무한한 보상이 주어진다. 특히 산꼭대기에 자리한 '빛의 성'은 지혜를 상징한다. 도서관 건물은 크리스탈 산과 빛의 성을 결합한 모습이다. 단순히 삐뚤빼뚤한 선으로 연결된 입면이 아니라, 검은 어둠을 헤치고 기나긴 산을 올라 새로운 지

군나르는 라트비아의 전통 요소에서 정체성을 찾아내 건축으로 구현했다.

혜를 구하고자 하는 의지를 표현하는 것이다. 비록 지금은 타국의 지배로 어둠 속에 있지만 라트비아인이 하나되어 극복한다면 예전 위치로 돌아올 거라는 희망을 보여 준다.

　디자이너의 세심한 손길은 외관만 아니라 내부에서도 느껴진다. 인테리어 주재료인 회색 알루미늄 패널과 자작나무는, 검은 소나무 숲과 자작나무로 우거진 라트비아의 자연에서 힌트를 얻었다. 주요 시설이 자리한 1층에서 8층까지는 두 재료에 각기 다른 색깔로 포인트를 더했다. 자주, 노랑, 파랑, 빨강 등의 색은 유로 이전에 사용된 라트비아 화폐 색깔에서 유래했다. 모든 요소 하나하나가 빈틈없이 라트비아의 상징으로 채워진 셈이다.

도서관 내부는 라트비아 자연에서 힌트를 얻은 자작나무와
알루미늄 패널로 구성되어 있다.

하지만 뭐니 뭐니 해도 이 도서관의 백미는 아트리움이다. 8층까지 연결된 아트리움의 한 면은 사선으로 기울어진 유리 벽으로 채워져 있다. 벽면 너머로 보이는 책장은 저 멀리 천창까지 연결된다. 도서관을 방문하는 사람이라면 반드시 가던 걸음을 멈추어 올려다보게 되는 장관이다. 눈앞으로 책들이 쏟아진다. 수십 미터 높이의 책 벽을 마주한 기분. '사람들의 책장'으로 불리는 이 공간은 층마다 거울을 적절히 배치하여 특정 각도에서 보면 8개 층이 하나의 책 은하수처럼 보이도록 했다. 가히 압도적이다. 누군가 내게 도서관을 상징하는 장소를 하나 꼽으라고 한다면 여기를 선택하고 싶다.

단순히 책이 쏟아지는 시각적인 효과만 있는 걸까? 서가가 '사람들의 책장'이라 불리는 이유는 따로 있다. 2014년 1월 18일, 리가가 그해 유럽 문화 수도로 지정된 것을 기념해 특별한 축제가 열렸다. 새로운 도서관으로 책을 옮기는 행사였다. 그런데 책을 차에 싣고 옮긴 게 아니다. 책을 사랑하는 1만 5천 명의 시민들이 모여 기존 도서관에서 이곳까지 2,014미터의 인간띠를 만들었다. 2천 권에 달하는 책이 시민들의 손을 거쳐 옮겨졌다. 이때 옮겨진 장서들이 책장을 채우고 있다. 여기에 더해 도서관 측은 나머지 서가를 채우고자 시민들에게 각자의 사연이 담긴 책을 기부받고 있다. 시민들이 써 내려간 소중한 기록은 이렇게 한 공간에 모이고 있다. 기억이 층층이 쌓인 서가. 세계 어느 도서관에서 볼 수 없는 특별한 책장이 여기 있다.

사람들의 책장.

이렇게만 놓고 보니 새 국립 도서관이 왜 논란거리가 되는지 알 수 없었다. 물론 짐작되는 바가 조금 있었지만, 지역 사람의 확실한 의견을 듣기 위해 라트비아 친구에게 물어보았다.

"어떤 면이 논란거리가 되는 거야? 도시 규모보다 지나치게 커서 그런 거야?"

친구는 크게 두 가지 이유를 들려주었다. 첫 번째는 역시나 큰 규모에서 오는 문제였다. 역사적으로 의미가 있고 좋은 환경을 제공한다 해도 경제적으로 부담이 된다면 좋은 건축이라고 할 수 있느냐는 지적이었다. 소홀히 다룰 수 없는 문제다. 리가 시민들은 도서관이 지나치게 크고 유지에 너무 많은 세금이 투입된다고 여긴다.

실제로 전력 낭비가 심하다는 조사 결과가 있으며, 특히 건물 외관 관리에 드는 비용이 만만치 않다는 뉴스가 보도되고 있었다. 막대한 비용도 문제지만 건물 모양이 너무 복잡해서 청소할 때 안전 문제가 따를 수 있다고 한다. 도서관 외관을 가까이서 처음 보고는 알루미늄 패널에 물때가 껴서 눈살이 찌푸려지긴 했는데, 이런 문제가 숨어 있을 줄은 미처 몰랐다.

둘째는 역시 디자인 논란이었다. 건축가의 설명 없이 건물의 의도를 파악하기에는 너무 난해하다는 것이다. 리가 역사에서 찾은 정체성을 표현했다고는 하나 주변 문맥을 읽는 데는 소홀

알루미늄 패널 외장재에는 물때가 심하게 껴있다.

한 게 아니었냐는 의견도 있었다. 디자인은 취향 문제라 섣불리 옳고 그름을 판단할 수 없다. 하지만 좋은 의도로 디자인되었다 하더라도 그것이 사용자에게 쉽게 전달되지 않는다면 잘 만든 건축이라고 할 수 있을까?

영국 총리였던 윈스턴 처칠은 세계대전으로 폐허가 된 국회 의사당의 재건을 약속하며 다음과 같은 명문장을 남겼다. '사람은 건물을 만들고, 건물은 사람을 만든다.' 건축의 인문적 역할을 집약해 보여 주는 메시지라고 볼 수 있다. 이런 관점에서 라트비아의 국립 도서관을 다시 보면, 이 도서관에는 유럽 안에서 독특하게 발전해 온 라트비아만의 유전자가 곳곳에 스며들어 있다.

현재 기준에서 논란거리가 많은 건축임은 틀림없다. 하지만 이 건물이 강 건너의 딜레마로 남을지, 도시의 새로운 정체성으로 자리 잡을지는 조금 더 시간을 두고 지켜봐야 한다. 이제 건축이 그릴 도시를 기다릴 차례다.

성 베드로 성당 전망대에서 바라본 도서관.

Croatia,
Rijeka
크로아티아,
리예카

리예카 종이 공장 Tvornica papira Rijeka
리허브 Rihub
카모바 거리 Ulica Janka Polića Kamova
코잘라 아파트 Residential Tower in Kozala

France,
Lille-Metropole
프랑스,
릴-메트로폴

라피신 미술관 Musée de La Piscine de Roubaix
랑스 루브르 Louvre-Lens
빌라 캬브후아 Villa Cavrois
유라릴 Euralille

3부.
비로소 열린 내일

도시를 되살릴 건축

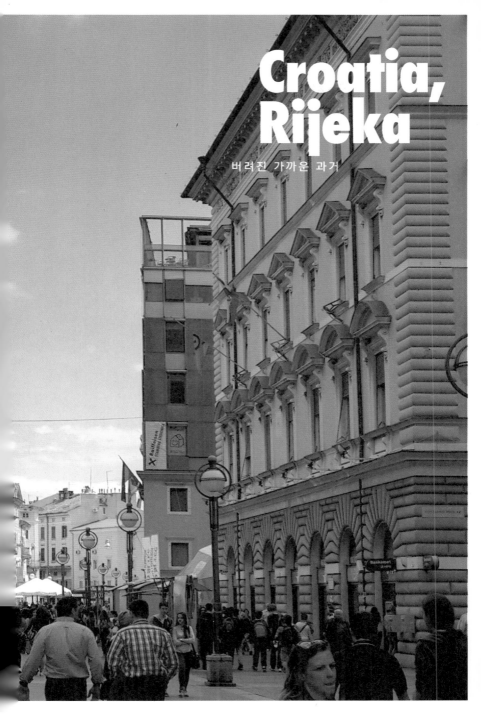

Croatia,
Rijeka

버려진 가까운 과거

리예카 기차역.

리예카 도심에서 만난 아치형 구조물.
후기 로마 시대에 건설된 것으로 추정되며, 로마 병사들이 드나들던 관문으로 쓰였다.
지금은 아이들이 뛰노는 정겨운 골목이다.

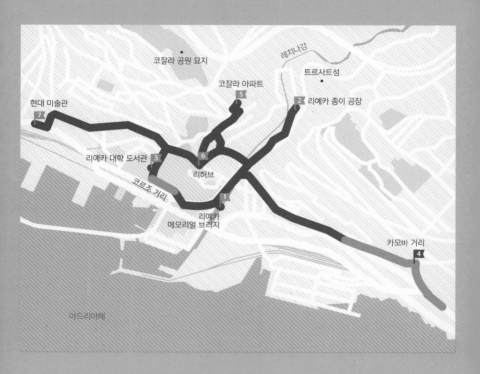

폐공장이 무대가 될 때

과거의 유산을 현대적으로 재해석하려는 노력이 돋보이는 도시, 리예카. 내전으로 희생된
군인들을 추모하는 다리를 지나 종이 공장으로 거슬러 올라간다. 그곳에서 버려진 공간과
그 안의 새로운 생명력을 만난 후 두 여성 건축가의 흔적을 좇는다. 그런 다음 도시 재생의
중심인 리허브를 거쳐 문화 단지로 이동한다.

가까운 과거가 남긴 흔적들
리예카

에메랄드빛 투명한 바다를 곁에 두고 있는 나라. 천 년 역사를 자랑하는 자그레브를 중심으로 아름다운 도시들이 아드리아해를 따라 펼쳐진다. 붉은 기와지붕과 하얀 성벽이 아름다운 두브로브니크(Dubrovnik), 제2의 도시 스플리트(Split), 로마 유적이 남아 있는 자다르(Zadar)를 거쳐 올라가다 보면 중부 유럽의 관문 역할을 했던 도시, 리예카(Rijeka)를 만난다.

이베리아반도, 크림반도, 발칸반도, 한반도. 세계 곳곳의 반도를 생각했을 때 가장 먼저 떠오르는 것은 바로 아픈 역사다. 총성이 울렸고, 울리고 있고, 앞으로도 울릴 것 같은 이 지역들은 내륙의 어떤 도시나 국가보다 다사다난한 시절을 보내왔다. 리예카도 마찬가지다. 지도에 리예카를 입력하고 위치를 살펴보면 이 도시의 특징을 한눈에 알아볼 수 있다. 우선 남쪽으로 큰

멀리 보이는 아드리아해와 도시를 가로지르는 레치나강. 붉은 지붕과 푸른 하늘 사이로 오랜
역사의 시간이 흐르고 있다.

바다와 만난다. 오스트리아, 체코, 헝가리처럼 바다와 면하지 않
은 중부 내륙 국가들이 해상으로 진출할 때 가장 가까운 바다가
이곳, 아드리아해다. 그리고 서쪽으로는 이탈리아를 거쳐 독일
로, 동쪽으로는 루마니아와 우크라이나로 갈 수 있는 지리적 이
점이 있다.

　19세기 중반에서 20세기 초까지, 리예카는 이탈리아 트리에
스테와 더불어 오스트리아-헝가리 제국의 주요 항구로 전성기
를 이뤘다. 조선업부터 목재, 석유, 담배 관련 산업에 이르기까
지 각종 산업체가 도시 곳곳에 들어섰다. 도시의 발전과 함께 인
구 수가 두 배 이상 증가하면서, 주요 공공 건물들도 이 시기에
건설되었다. 하지만 급속한 발전이 화를 부른 것일까. 중부 유럽

의 핵심 지역인 리예카는 오히려 타깃이 되었고, 제2차 세계대전 당시 대규모 공습이 가해졌다.

리예카를 일부러 찾는 관광객은 거의 없다. 근처 휴양 마을 오파티야(Opatija)나 풀라(Pula)로 가기 위한 경유지 정도로 여겨진다. 그나마 알려진 곳이 있다면 구도심과 신도심 사이에 있는 보행 전용 쇼핑 거리 코르조(Korzo)와, 그 중심에 자리한 시계탑 정도다.

코르조 거리에서 제일 눈에 띄는 건 시계탑이다.

하지만 도시 내부로 들어가 보면 생경한 장면이 조금씩 눈에 들어온다. 가동을 멈춘 채 해안을 바라보며 우두커니 서 있는 항만 크레인, 마지막으로 닫은 게 언제인지 가늠할 수 없는 창고, 풀이 무성하게 자라난 옛 철길과, 지나간 시간을 알려주는 기차역의 녹슨 간판까지. 그리 오래되지는 않았을 지난날의 이야기들이 발길을 멈추게 한다.

사람의 발길이 끊긴 지 오래된 공간들이 도심 곳곳에 있다.

그렇게 도시 여기저기를 거닐다 보니, 어느덧 코르조 거리 끝에 다다랐다. 횡단보도를 건너자 리예카의 레치나강이 모습을 드러냈다. 작은 규모지만 오랜 기간 여러 국가들이 이 강을 놓고 패권을 다퉜을 만큼, 리예카 역사에서 중요한 곳이다. 지금은 유고슬라비아 내전으로 희생된 군인들을 추모하는 다리가 놓여 있다.

리예카 메모리얼 브리지는 크로아티아의 젊은 건축가 그룹 3LHD가 디자인했다. 두께 65센티미터의 비교적 얇은 상판이 47미터에 이르는 다리를 기둥 없이 지탱한다. 1997년 공모전에서 당선된 이후 사 년간의 구조 실험을 거쳐 마침내 2001년 12월 완공되었다. 흥미로운 점은 건설 방식이다. 기둥 없는 판형 다리를 만들기 위해 택한 재료는 철인데, 마침 리예카에는 훌륭한 조선소들이 있었다. 시공을 위해 지역 회사들이 발 벗고 나섰고, 조선소에서 완성된 다리는 배로 이곳까지 운반되었다. 유례없는 협업으로 3LHD는 많은 상을 거머쥐며 크로아티아의 중견 건축 회사로 거듭났다. 시는 이 프로젝트를 통해 추모 공간을 제공하는 것을 넘어 혁신적인 도시가 되겠다는 의지를 표현했다.

47미터에 달하는 다리는 기둥 하나 없어도 견고하다.

　다리를 지나 강의 지류를 따라 올라가면 붉은 벽돌로 둘러싸인 큰 굴뚝이 보이기 시작한다. 폐쇄된 채로 방치된 이곳은, 리예카의 황금 시대를 상징하는 종이 공장 부지다.

황금 시대의 상징
리예카 종이 공장

'공장' 하면 어떤 이미지가 떠오를까. 회색 매연을 뿜어내는 굴뚝. 마스크를 쓴 채 검게 그을린 건물을 지나다니는 사람들. 기계가 움직이면서 내는 둔탁한 소리. 공장은 딱딱하고 접근하기 어려운 이미지를 지닌 곳이다. 하지만 오히려 이런 이미지 때문에 반전의 공간이 될 수도 있다.

치즈로 유명한 네덜란드의 하우다(Gouda)에는 초콜릿 공장(Chocolade Fabriek)이라는 이름의 도서관이 있다. 2014년 문을 연 이곳은 다름 아닌 시립 도서관이다. 1970년대 초부터 초콜릿을 생산하던 공장이 시민들을 위한 공간으로 다시 태어났다. 도서관 이름부터 그 안의 소품들까지, 초콜릿 만들던 곳이었음을 떠올리게 한다. 이 도서관에서 책을 읽고 있으면 초콜릿의 달콤한 기운이 주변을 감싸는 느낌이 든다.

서유럽을 지나 북쪽으로 올라가 보면 핀란드 헬싱키에도 매력적인 공간으로 탈바꿈한 공장이 있다. 헬싱키 중앙역에서 트램을 타고 이십여 분을 달리면 교외 주거 지역인 아라비아란타(Arabiaranta)에 도착한다. 역에 내려서면 정면으로 큰 굴뚝이 있는 건물이 보이는데, 이 건물이 도자기 공장 '아라비아'다. 한국에도 제법 알려진 아라비아는 1980년대만 하더라도 점차 잊혀가는 자기 회사였다.

쇠퇴하던 아라비아와 그 일대 공장들은 핀란드의 인구가 증가하면서 새로운 기회를 맞이했다. 도시재생의 일환으로 아라비아 건물에 도자 아울렛과 박물관이 들어섰다. 쇠락한 공장 부지에는 벤처 기업들이 들어와 도전을 이어나갔다. 이러한 성공 이면에는 개별 공장의 재활용이 아닌, 도시 전체 관점에서 문제를 진단한 시 당국의 안목이 있었다.

(왼쪽)초콜릿 공장에서 도서관으로 거듭난 이 공간에는 책만 있는 게 아니다. 이곳에서는 청소년을 위한 워크숍이나 미디어 작업이 진행된다.
(오른쪽)핀란드 아라비아 디자인 센터.

아라비아 굴뚝보다 더 높고, 그만큼 더 찬란한 역사를 가진 공장이 있다. 바로 리예카 종이 공장이다. 1821년 설립된 이 공장은 리예카를 대표하는 산업 유산이다. 이곳에서 생산된 종이 제품은 품질이 뛰어나 유럽은 물론 미국과 아시아에도 수출되었다. 수차례에 걸쳐 세계 무역 박람회에서 입상할 정도로 명성이 자자했다. 하지만 세계에서 두 번째 규모를 자랑하던 담배 종이 공장이자 한때 천 명의 직원이 일했던 이곳은 2005년 도산했다. 부지 소유권 또한 리예카시로 넘어가고 말았다. 방치된 채 새로운 쓰임을 기다리고 있는 이곳은 제2차 산업혁명 시대를 관통하며 만들어진 몇 개의 건물과 절륜한 자연 풍광이 어우러져 독특한 분위기를 자아낸다.

공장에서 처음 만나는 건물은 운영 사무실이다. 1827년 처음 만들어져 이백여 년이 지난 지금까지 남아 있는, 부지에서 가장 오래된 건물 중 하나다. 세월이 흐른 만큼 보수도 많이 했다. 언뜻 보면 가장 나중에 지어졌을 법한 단정한 건물이지만, 군데군데 옛 흔적을 발견하는 재미가 있다. 현재 치과가 있는 1층 입구에는 신고전주의풍 석재가 원형 그대로 남아 있다. 신고전주의는 18세기 후반 유럽 전역에 나타난 예술 양식으로, 형식의 정연한 통일과 균형 잡힌 구도가 주요 특징이다. 사무실 문을 보면 저렴한 플라스틱 소재가 눈에 띄지만 신고전주의 건축에 즐겨 쓰인 측면 창과 부채꼴 채광창을 사용했다. 동네에서 문 만드는 사람에게 부탁해 무심하게 만들었을 텐데도 그 아름다움은 조금도 평범하지 않다.

치과로 쓰이고 있는 건물 1층의 출입구.

고개를 들어 지붕을 바라보면 독특한 장식물이 보인다. 1층 출입문과 비슷한 석재 구조물 위에 네 방위를 가리키는 장식이 올라가 있다. 바로 옆에 굴뚝도 재밌다. 뜨거운 연기로 녹아내린 듯한 모양의 굴뚝 캡은 애니메이션 캐릭터 슈렉의 귀가 떠오른다. 철제 장식과 석재 구조물은 원형 그대로 보존되었는데, 이 앙상블이 딱딱한 공장 입구 이미지를 한층 부드럽게 만든다.

운영 사무실 옆으로는 85미터의 긴 굴뚝과 함께 모더니즘 영향이 깊게 투영된 발전소 건물이 자리한다. 레치나강 건너편에서 보면 건물 입면에 'TVORNICA PAPIRA RIJEKA'라는 공장 간

종이 공장을 찬찬히 둘러보면 다채로운
특징을 많이 볼 수 있다.

판과 굴뚝이 어우러져 단단하고 절제된
위용을 뽐낸다. 그런데 이 건물, 예사롭
지 않다. 기록에 의하면 20세기 초까지만
해도 인근 화력발전소와 수력발전소에서
전기를 공급받다가 1920년대에 이르러
공장 규모가 커지자 자체 발전 시설을 만
들었다. 공장에서 쓰고 남은 에너지는 레
치나강 인근 지역에 판매했는데, 리예카
절반에 이르는 지역에 전기를 공급했다
고 하니 단순히 종이 공장 역할만 한 것이
아니다.

　그에 걸맞게 1920년대에 디자인하기
시작한 건물이라고 보기 어려울 만큼 시
대를 선도한 외관이 돋보인다. 장식이 제
거된 격자형 창문 프레임과 단순하고 기
능적으로 처리된 입면, 콘크리트로 마감
한 평지붕은 새로운 시대를 열고자 하는
의지를 드러낸다. 아돌프 로스가 '장식은
죄악'임을 선언하며 화려한 오스트리아
궁정 앞에 무표정한 로스 하우스를 선보
인 것이 1910년대의 일이다. 근대 건축의
5원칙을 정립한 르 코르뷔지에가 빌라 사

보아를 지은 시기 또한 비슷하다. 이를 고려했을 때 리예카 종이 공장의 발전소는 상대적으로 덜 알려졌지만, 초기 모더니즘을 대표하는 건축 유산으로 평가받을 만하다.

발전소와 운영 사무실 외에 다른 건물들도 흥미롭다. 건물 곳곳에는 다양한 건축 양식이 뒤섞여있다. 그때그때 확장하거나 고쳐 쓴 까닭이리라. 심지어 같은 건물이라도 어느 장면을 보면 고전적이다가 한 층 위를 올라가면 현대적인 느낌마저 든다. 예를 들어 종이 만드는 기계인 초지기가 있던 건물 1층에는 교차 볼트

빈 궁정 앞에 도전적으로 지어진 로스 하우스(위)와 근대 건축 5원칙이 잘 정립된 빌라 사보아(아래).

천장(폭이 같은 두 원통형 볼트를 직각으로 교차시킨 구조. 천장의 교차하는 선을 따라 하중이 기둥으로 모여 땅에 전달된다.)의 긴 복도가 등장한다. 실을 만들고 창고로 쓰던 공간이 복도 양쪽으로 있는데, 이 장면을 보여 주고 어느 공간인지 맞혀보라고 하면 어떤 답변이 돌아올까? 시험 삼아 몇 사람에게 물어봤다. 그런데 놀랍게도 반응이 똑같았다.

"수도원 복도 아닌가요?"

경건함이 느껴지는 공장 내부.

삶의 흔적이 걷힌 건축은
때로 우리를
새로운 상상의 경계로 이끈

종이 창고라고 말해줘도 누가 창고를 이렇게 정성스럽게 만드냐고 의아해할 정도로 이 공간은 고전적으로 지어졌다. 반면 2층은 분위기가 사뭇 다르다. 1층이 복도와 벽으로 구획해 목적을 확실히 보여 준다면, 2층은 뻥 뚫려 있고 격자형 창문 프레임을 사용해 현대적인 느낌을 준다. 약간만 손보고 테이블을 쭉 펼치면 왠지 그럴듯한 업무 공간이 될 것 같다.

사실 여기에는 당대 건축적 고민이 담겨 있다. 요즘이야 넓은 공간이 필요하면 별다른 고민 없이 철골로 기둥을 세워서 설계하겠지만, 철 생산 단가가 높던 당시에는 그럴 수 없었다. 산업혁명을 거치며 생산 기계는 엄청나게 커졌지만 이를 받쳐줄 건물 인프라는 너무 부족했던 것이다. 건축의 환절기와 같던 시절이었달까? 계절이 바뀌면 사람도 적응할 시간이 필요하듯, 건물이나 도시도 시대의 변화를 담으려면 어느 정도 물리적인 시간이 필요하다.

워낙 상징적인 공간이기에 시 당국에서도 끊임없이 새로운 쓰임새를 고민하고 있다. 문화계에서는 이미 매력적인 장소로 알려져 음악 축제가 열리거나 영상 촬영 명소로 꼽히고 있지만, 버려진 장소이기에 사람의 손길이 지속적으로 닿지 않으면 금세 생기를 잃을 것이다. 한국에서 최근 몇 년 사이 버려진 건물이 건축가 손길을 거쳐 복합 문화 공간으로 바뀐 것처럼, 리예카 종이 공장 또한 새로운 가능성이 더해지길 기대한다.

공장을 둘러보고 다시 내려오는 길. 산 위로 의문스러운 콘크리트 빌딩 건물군이 시선을 사로잡았다. 대체 이 건물은 뭘까? 누가 봐도 리예카의 랜드마크라 불릴 수 있을 건물 같은데.

두 여성 건축가
아다 펠리체 로시치 & 나다 실로비치

2020년 유럽 건축 연합회에서 발표한 통계 자료를 살펴보다 흥미로운 수치를 발견했다. 각 나라의 건축가를 성별로 분류한 도표였다. 그중 크로아티아는 건축가의 62퍼센트가 여성이었다. 크로아티아 동쪽에 인접한 세르비아도 67퍼센트를 차지했다. 흔히 건축은 남성이 중심인 분야로 알려져 왔다. 현재 왕성하게 활동하고 있는 국내 40~50대 건축가들 이야기만 들어 봐도 그들이 학생일 때는 여학생 수가 손에 꼽을 정도였다고 한다. 건축가이자 정치인으로 활동 중인 김진애 박사도 TV 프로그램에 출연해 이런 얘길 한 적이 있다.

"제가 학교 다닐 때는 수업 듣는 건물에 여자 화장실이 없었어요. 너무 먼 건물에 있어서 그냥 남자 교직원 화장실을 같이 썼어요."

웃지 못할 이야기다. 그만큼 성비 불균형이 심했다. 지금은 건축 전공 학생 남녀 비율이 비슷해지고 있지만, 남성 중심으로 구성된 교수진이 건축을 가르치기에 상대적으로 여성의 관점과 목소리가 더 필요한 게 사실이다. 그런데 대체 크로아티아에서는 언제부터 여성들이 건축계에 넓게 자리 잡기 시작한 걸까?

제2차 세계대전 이후 독일이 점령했던 유고슬라비아 왕국에 요시프 브로즈 티토를 중심으로 유고슬라비아 인민 공화국이 세워졌다. 그들에게 중요한 과업 중 하나는 도시를 재건하고 확장하는 것이었다. 하지만 실행을 담당할 전문가가 부족했기에 유고 연방 각국에서는 교육을 갓 마친 젊은 건축가들에게도 기회를 줬다. 이는 건축학교를 졸업한 젊은 여성 건축가들이 남성 건축가들과 동등한 지위를 얻게 되는 결과로 이어졌다. 게다가 유고 연방은 소련과 달리 노동자 집단이 중요한 의사 결정권을 지니고, 사회 구성원에게 운영을 맡기는 사회주의 시스템을 도입했기에 결과적으로 여성 건축가들이 독립적으로 작업할 수 있는 기회가 더 많아졌다.

1949년 자그레브대학 건축과를 졸업한 아다 펠리체 로시치(Ada Felice-Rošić)는 도시 재건 임무를 받고 곧바로 고향 리예카로 향했다. 복구도 복구지만, 당시 리예카는 급속도로 늘어나는

(왼쪽)리예카 최초의 현대식 백화점을 짓는
현장에서 건물에 대해 설명하고 있는 로시치.
왼쪽에서 세 번째 인물이다.
(오른쪽)실로비치는 문화, 주거 시설 등 굵직한
도시계획 프로젝트를 진행했다.

노동자들을 수용할 인프라 시설이 필요했다. 일 년 먼저 이곳에
서 일을 시작한 나다 실로비치(Nada Šilović)와 함께 실용주의를
내세우는 근대 건축을 도시 곳곳에 그려 나갔다.

　사실 난 우연한 기회로 두 건축가를 알게 됐다. 시립 박물관
에 갔다가 기념품 가게에서 도록을 뒤지던 중 우연히 두 건축가
를 다룬 전시가 있었음을 알았다. 시기를 놓쳐 아쉬웠지만, 도록
만 봐도 그들이 지역에 상당한 영향을 끼쳤음을 알 수 있었다.
당시 나의 대학원 세 번째 학기 설계 장소가 리예카였고, 담당
교수가 크로아티아 여성 건축가였기에 곧바로 물어봤다.

　"박물관에서 실로비치와 로시치에 대한 자료를 봤는데, 이분
들 여기서 유명한 건축가였나요?"

"맞아요. 내가 알기로는 두 건축가가 리예카에 꽤 많은 건물을 설계했어요. 우리 숙소 근처에 실로비치가 설계한 대학 도서관이 있는데, 내일 거기 잠깐 가 볼까요?"

그렇게 두 건축가의 흔적을 처음 마주한 게 리예카 대학 도서관(University Library Rijeka)이다. 학교를 리모델링한 이 건물은 건축적으로 눈에 띄지 않았다. 그러나 담당 교수는 나에게 1층에 도서관이, 2층에 미술관이 자리 잡은 이유를 찾아보라고 했다. 심지어 스케치까지 하면서! 첫인상이 인상적이지 않은 건물에서 시간을 보낼 생각을 하니 난감했지만, 수수께끼를 꼭 풀어보리라는 오기가 생겼다. 공학적 관점에서 스케치를 그리며 공간의 의미를 읽기 시작하니, 조금씩 눈에 보이지 않는 섬세한 힘이 느껴졌다.

건물 리모델링은 단순한 용도 변경이 아니기에 새로 짓는 것보다 어려울 때가 많다. 원래 있던 건물이 도시 맥락에서 어떤 의미인지 파악해야 한다. 특히 학교 건물은 미술관이나 도서관으로 바뀌었을 때 각 실에 더해질 하중을 버텨낼 수 있는지도 점검해야 한다. 실로비치는 여러 요인을 고려해 1층을 과학 도서관으로, 2층을 현대 미술관으로 바꿨다. 아울러 이 건물에서 예술적 면모가 두드러지는 계단은 용도에 맞게 손보고 전쟁으로 파괴된 건물 입면도 복원했다.

자칫하면 과거도 미래도 놓칠 수 있는 프로젝트였지만 현재

실로비치는 학교 건물을 도서관과 현대 미술관으로 탈바꿈시켰다.

는 건축가들에게 '뛰어난 심미안과 섬세한 기술로 건물의 시간을 현재로 옮겨 놓았다'는 평을 받고 있다. 당시 실무 경험이 부족했던 나는 이 작품에서 두 가지 큰 깨달음을 얻었다. 건축이라는 예술은 공학이라는 뼈대가 뒷받침되어야 비로소 완성된다는 것. 그리고 스케치는 건축가가 계획한 선 하나하나의 이유를 깊게 읽는 과정이라는 것이다.

두 건축가는 주거용 건물도 다수 설계했다. 건설 디자인 협회 소속으로, 지금으로 치면 정부 소속 도시 개발국에 두 건축가가 함께 있었기 때문에 종종 같이 프로젝트를 진행하기도 했다. 시내와 조금 떨어진, 레치나강 동쪽으로 펼쳐진 카모바 거리. 두 건축가가 설계한 가로형 저층 아파트를 만날 수 있다. 무심코 보면 비슷하지만 실용주의 중심의 건설 분위기 속에서도 작고 다양한 변화를 시도하려 애쓴 흔적이 보인다.

먼저 보이는 로시치 건물은 비슷한 크기의 사각형 개구부가 입면에 반복되는 게 특징이다. 유사한 조형 요소가 반복되면 딱딱하고 지루한 느낌을 줄 수 있지만, 그 속에 적절한 비례와 변화가 더해지면 도시 속 정돈된 질서가 된다. 같은 사각형이라도 때로는 안으로 깊게 들어가 거실 테라스가 되고, 때로는 조금만 들어가서 각 방의 창문 역할을 한다. 비례와 질서는 동서고금을 막론하고 모든 공간에서 볼 수 있는 가장 기본적인 디자인 요소인 만큼 유행을 잘 타지 않는다. 1953년에 완성된 이 건물이 지금도 도시 속에 잘 스며드는 이유다.

로시치가 설계한 저층 아파트 입면. 똑같은 사각형 공간이라도 그 안을 채우고 있는 삶의 모양은 모두 다르다.

거리 속 작은 공원을 지나면 곧바로 실로비치가 설계한 4층짜리 길쭉한 상자가 나타난다. 전체적인 형태는 로시치가 설계한 아파트와 비슷하지만 디자인 기법은 전혀 다르다. 일단 건물이 인도에서 한 박자 더 안으로 들어가 있다. 대신 그곳에 작은 화단이 조성되었다. 화단이 1층을 가리고 있어 건물이 땅 위에 가볍게 떠 있는 느낌이다. 테라스 중간중간에는 세로형 석재 루버(얇고 긴 판을 일정하게 배열해 채광이나 통풍을 돕는 장치)를 넣

실로비치의 감각은 카모바 거리를 안정적이되 지루하지 않게 만든다.

어 가로 방향 일색인 풍경에 한 번씩 시선을 끊어주었다. 80미
터 정도의 길에 건물을 연달아 설계한다는 건 풍경을 짓는 일이
다. 그래서 단일 건물의 콘셉트뿐만 아니라 인접한 건물과의 관
계도 생각해야 한다. 먼저 완성된 로시치의 건물을 보며 어떤 존
재감으로 건물을 그려야 할지 다방면으로 고민했을 실로비치의
노력이 지금도 카모바 거리에 녹아있다.

　실로비치는 리예카에서 팔 년간 일한 다음 수도 자그레브로
돌아갔다. 그러나 로시치는 리예카에 남아 1970년대 중반에 은
퇴할 때까지 수많은 프로젝트에 참여했다. 대표적인 작품이 리
예카 어디에서나 볼 수 있는 코잘라 아파트(Residential Tower in
Kozala)다. 리예카를 돌아다니는 내내 길잡이가 되어준 랜드마
크지만 한편으로는 불편했다. 산 위에 콘크리트 아파트라니. 너

무 삭막한 게 아닐까? 자연을 대하는 인간의 태도가 이리도 급진적이어야 하는지. 지형과 조금 더 어울리는 디자인을 제시할 수는 없었는지. 리예카를 다녀온 지 꽤 시간이 흘렀지만 나는 여전히 이 건물이 마음에 들지 않는다. 나중에 집에 돌아와 조사해 보니 이건 나만의 생각이 아니었다. 지어진 당시에도 논란이 됐던 모양이다.

1965년부터 1980년은 리예카에 초고층 주거 붐이 일던 시기다. 건설 회사들은 유고 연방 제1의 항구에 자신들의 명성과 기술을 뽐내고 싶었다. 도시가 동서로 확장되면서 여기저기 고층 주거 시설이 들어섰고, 이윽고 레치나강과 마주한 언덕 위에도 12층 아파트가 계획된다. 이곳에 수직 마을을 세운다면 리예카 어디서나 보이고 아드리아해에서 들어오는 배들의 길잡이도 될 뿐더러 거주자에게는 도시와 바다의 전경이 펼쳐질 테니, 여러모로 욕심이 났을 게 분명하다.

로시치는 그동안의 주거 설계 경험을 은퇴 전 마지막 프로젝트였던 코잘라 아파트에 집약시켰다. 획일적인 아파트 형태에서 벗어나 리예카 최초로 평면이 X자형인 건물을 선보였다. 날개마다 침실 두 개로 구성된 세대가 하나씩 들어가고, 건물 가운데 엘리베이터와 원룸 타입 주거 두 세대를 끼워 넣었다. 만약 이렇게만 층층이 쌓여 완성되었더라면 형태만 특이한 아파트로 끝났을 텐데, 로시치는 여기에 수직적 변주를 더했다.

건물을 유심히 살펴보면 홀수층과 짝수층의 원룸이 조금 다름을 알 수 있다(오른쪽 도면 A방향 입면 참조). 짝수층 건물에는 테라스를 둘로 나누는 벽이 하나씩 세워져 있다. 로시치는 원룸 세대를 하나 빼는 대신 그 절반을 침실로 만들어 다른 세대에 편입시켰다. 그리고 나머지 반에는 여러 세대가 공유할 수 있는 빨래방과 테라스를 배치했다. 일종의 커뮤니티 공간을 만든 셈이다.

건설사 입장에서는 여섯 세대를 포기하는 결과라 선뜻 받아들이기 어려웠을 터. 하지만 건축가는 작은 공간의 변화가 가져올 장점으로 설득했을 것이다. 원룸형 작은 집, 침실 두 개의 일반적인 집, 방 셋인 큰 집이 있어 구매자가 다양하게 선택할 수 있고, 공용 공간까지 있다고 설득하지 않았을까. 하지만 그 이면에 다양한 연령층이 한 아파트에서 교류할 수 있는 건강한 사회를 만들고자 하는 의도가 깔려있었을 것이다.

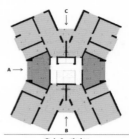

홀수층 평면도

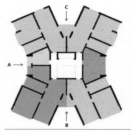

짝수층 평면도

코잘라 아파트의 평면도. 파란색-원룸형, 주황색-투룸형, 초록색-쓰리룸형, 노란색-공용 공간, 흰색-코어. 획일적인 아파트에서 새로움을 더하려고 한 로시치의 노력이 엿보인다.

카모바 거리에서 보였던 섬세한 디자인도 건물 배치에 담겼다. 각 세대가 코어(엘리베이터와 계단, 설비시설이 모인 공간)를 중심으로 분리되면서 한 세대가 세 방향으로 열려 환기에 유리해졌다. 아울러 창문 위치와 크기를 조정해 이웃집 사생활이 보이지 않도록 설계했다. 원룸과 붙은 긴 테라스는 건물에 깊이를 만들어 상대적으로 건물이 날씬하게 보이는 시각적 효과도 준다.

1980년대 들어 건설 패러다임이 저층 주택으로 옮겨가면서 코잘라 아파트는 유고 연방 황금기를 상징하는 건물로 남았다. 하지만 실용주의 건설 분위기 속에서도 다양한 변화를 담으려 한 로시치와 실로비치의 노력은 여전히 리예카에 숨 쉬고 있다. 또한 건축이라는 영역이 성별의 잣대로 구분될 수 없으며, 공간 다양성 측면에서 여성의 경험과 참여가 더욱 필요함을 살아있는 역사로 증명하고 있다.

리예카의 랜드마크인 코잘라 아파트. 자세히 보면 건물 중앙의 홀수층과 짝수층 테라스가 조금 다르다.

제2의 함부르크가 될 수 있을까?
항구 도시의 유산

시대는 변한다. 없어지지 않을 것 같던 미니홈피는 추억의 산물이 되었고, 코로나 바이러스는 모두가 마스크를 쓰는 게 자연스러운 상황을 만들었다. 도시도 마찬가지다. 독일 북쪽의 함부르크는 중세와 근대를 호령하던 항구 도시였다. 그런데 제2차 세계대전 이후 수송 체계가 바뀌면서 도시 중심에 있던 대규모 창고 단지들이 비기 시작했다. 수명이 다해가는 항구를 애써 살리는 대신 하펜시티 프로젝트를 통해 창고 건물을 호텔, 상점, 오피스 빌딩으로 변모시켰다. 그 결과 과거의 흔적과 건강한 미래가 공존하는 관광 도시가 되었다.

　유럽 서쪽의 대표적인 항구 도시 로테르담도 파산한 조선소 건물을 산학 캠퍼스로 바꾸는 등 지속 가능한 도시를 만들고자 애쓰고 있다. 유럽 대륙의 북쪽과 서쪽 대표 항구 도시가 변한 것처럼 남쪽 리예카도 기지개를 켜기 시작했다.

2020년, 리예카는 아일랜드 골웨이와 함께 유럽 문화 수도로 선정되었다. 리예카는 분명한 주제가 있었다. 도심 여기저기에 버려진 산업 유산 건물을 다시 사용하고, 수명을 다한 항만 시설에 새로운 창작 가능성을 더하는 것이다.

그렇다면 새로운 도시의 미래를 고민해보자고 선언만 하면 될까? 물리적인 실체가 있고 사람이 모여야 좋은 방안이 생기는 법이다. 리예카는 우선 440만 쿠나(한화 약 9억 원)를 투자해 유럽 문화 수도 정보 센터인 리허브(Rihub)를 마련했다. 이 건물은 리예카 최초의 유치원이 있던 건물을 리모델링했는데, 시민

리허브는 리예카 최초의 유치원이 있던 건물에 자리잡았다.

들이 자유롭게 모여 의견을 나누는 공간으로 활용되었다. 코로나 시기에도 수많은 워크숍과 세미나가 열렸고, 행사가 끝난 뒤에는 지역 프리랜서들과 스타트업을 위한 업무 공간으로 변신했다. 특히 리허브는 실로비치와 로시치를 연상시키는 두 젊은 여성 건축가, 아나 볼야르(Ana Boljar)와 이다 크리자이 레코(Ida Križaj Leko)의 설계로 완성되었다. 르네상스풍 외관과 대비되는 과감한 내부 색채 구성이 돋보이는 작품이다.

르네상스풍 외관과 대비되는 과감한 색채의 내부가 리허브의 또 다른 매력이다.

한편 도시 서쪽으로 가다보면 종이 공장 못지않은 거대한 공장 부지가 있다. 18세기 말 설탕 정제 공장을 시작으로, 담배 공장과 선박 부품 공장이 들어섰던 땅. 이곳은 삼십 년 가까이 버려져 있었다. 그러나 2014년 유럽연합으로부터 유럽 지역 개발 기금을 지원받으면서 새로운 전기를 맞이한다. 문화유산 보존 프로그램의 일환으로 부지 일대를 시립 박물관과 현대 미술관, 어린이 문화관이 모인 대규모 문화 단지로 탈바꿈시킨 것이다. 2017년 현대 미술관 개관을 시작으로 이 지역은 서서히 리예카의 문화 지대로 자리 잡고 있다. 두 세기가 넘도록 도시 경제를 담당하던 장소가 이제는 다음 세대를 위한 문화를 만들고 있다. 이보다 더 리예카의 미래를 상징적으로 보여 주는 곳이 있을까?

박물관은 풍부한 곡선의 바로크 양식 인테리어를 복원하고자 노력했지만, 어린이 문화관은 벽돌 외벽만 남긴 채 내부를 전부 바꾸었다. 혹자는 이를 두고 껍데기만 남긴 게 뭐가 중요하냐고 할지도 모르겠다. 물론 관점의 차이다. 새롭게 건물을 짓는 것보다 훨씬 까다로운 작업임에도 애써 외벽만은 남긴 건, 그만큼 건물이 시민들의 기억 속에 자리했던 역할을 존중하기 때문이다.

복원된 시립 박물관 천장.

엄마 아빠의 손을 잡고 어린이 문화관을 방문하는 아이들에게 '여기 어떤 건물이 있었어.'라고 하는 것보다 '원래 이 벽돌 건물이 아빠가 어렸을 땐 공장이었어.'라고 이야기를 건네는 게 더 친밀하게 느껴지지 않을까? 산업 유산을 재활용한다는 건 금액으로 환산할 수 없는 무형의 가치를 전달하는 일이기도 하다.

새롭게 단장한 어린이 문화관의 모습.

일주일 동안 머물렀던 리예카를 뒤로한 채 버스를 탔다. 저 멀리 목재를 실어 나르는 커다란 크레인과 함께 오랜 기간 정박해있는 녹슨 군함이 보였다. 리예카는 도시 어느 곳에서나 건축을 통해 가까운 과거를 마주할 수 있었다. 생각해보면 멀지 않은 과거이기에 더 안타깝고 눈길이 갔다. 부모님이나 조부모님 세대와 이야기를 나누며 공유할 수 있는 흔적이 도심 곳곳에 남아 있다면, 삶은 더욱 풍성해질 것이다. 언젠가 리예카를 다시 방문한다면, 저 산업 유산들은 어떤 방식으로 나의 가까운 과거를 떠올리게 할까. 깊은 생각에 잠긴 채 이 도시와 작별을 고했다.

세대간 공유할 수 있는 흔적이
도심 곳곳에 남아 있다면
도시에서의 삶은 달라질 것이다.

France,
Lille-Métropole

예술이 스미다

네오플랑드르 스타일이 돋보이는
릴 상공회의소 종탑(왼쪽)과 신고전주의 양식의
릴 오페라하우스(오른쪽).

19세기 말 네오바로크 양식으로 설계된 릴 미술관(Le Palais des Beaux-Arts).
루브르 박물관에 이어 두 번째로 많은 미술품을 소장하고 있다.

릴 미술관 뒷편에 새로이 지어진 보존 연구소와 기획전시실 건물의 모형.

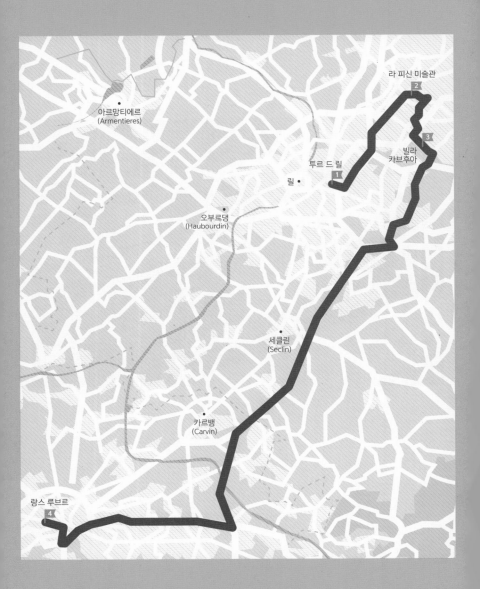

아르망티에르
(Armentieres)

라 피신 미술관
2

투르 드 릴
1

릴

빌라
캬브후아
3

오부르댕
(Haubourdin)

세클린
(Seclin)

카르뱅
(Carvin)

랑스 루브르
4

의미에 아름다움을 더하면

쇠락한 공업도시였던 릴은 세계적인 도시재생 프로젝트 유라릴을 거쳐 새로운 생명을
얻었다. 이곳에서 출발해 루베로 가면 수영장에서 미술관으로 변신한 건축을 만날 수 있다.
이후 크루아로 이동해 섬유 부호 캬브후아의 저택을 방문하고, 탄광업 유산에서 박물관으로
재탄생한 랑스 루브르로 간다. 시각적으로 독특한 시도가 눈부신 장소들이다.

더하기의 도시
오드프랑스 릴

2017년, 프랑스에서 대통령 선거가 있었다. 기존 정치권에 대한 혐오와 유력 후보의 스캔들이 맞물리면서 중도를 표방한 신생 정당 앙마르슈의 에마뉘엘 마크롱이 당선되는 이변이 일어났다. 결선 투표 당시 거의 모든 지역이 마크롱의 손을 들어 준 반면, 극우주의를 내세운 국민전선의 마린 르 펜이 더 높은 지지를 받은 지역이 있다. 프랑스의 러스트 벨트(Rust Belt, 쇠락한 제조업 중심 지역)로 불리는 오드프랑스(Hauts-de-France)였다.

프랑스 북부에 자리한 이 지역은 원래 제조업과 광업 노동자들이 많아 전통적으로 사회주의 계열 정당을 지지했다. 하지만 1970년대 이후 경제 구조가 변하면서 광산들이 하나둘 문을 닫았고, 수많은 노동자가 직장을 잃었다. 사회당 출신 프랑수아 올랑드 대통령이 노동자들의 실업을 막겠다고 호언장담했지만,

당선 이후 지지부진한 정책에 지역 사람들은 배신감을 느끼기 시작했다. 이 틈을 극우 정당의 르 펜이 파고들었다. 결국 전국적 지지를 받은 마크롱이 대통령으로 당선되었지만, '러스트 벨트'라는 단어와 '오드프랑스'라는 지역이 세계적으로 언급되는 한 해였다.

릴(Lille)은 오드프랑스에서 가장 큰 도시로, 주변의 광업 및 섬유업을 지탱하는 프랑스 공업의 중심지였다. 프랑스 행정구역 특성상 릴 자체보다는 릴과 영향을 주고받는 주변 백여 개의 작은 지자체, 이른바 코뮌을 더해 '릴-메트로폴(Lille-Metropole)'로 불린다. 역사적으로는 지금의 프랑스 북부,

릴 메트로폴

벨기에 서부, 네덜란드 남부에 걸쳐 있던 플랑드르 백국에 속하면서 해상과 육로를 잇는 상업의 중심지로 발전했다.

19세기 초 지어진 릴 미술관이 파리 루브르 박물관에 이어 두 번째로 많은 미술 작품을 소장한 것으로 알려져 있고, 다양한 건축 양식으로 채색된 구시가지를 돌아다니다 보면 오랜 시간 문화가 퇴적된 도시임을 알 수 있다. 하지만 릴에서 짚고 넘어가야 할 곳은 따로 있다.

내가 릴을 처음 방문한 때는 1998년이다. 대학에서 건축을 가르치는 아버지와 한 달간 유럽 주요 도시와 건축을 보러 갔

릴의 구도심에서는 다양한 양식의 건물들을 볼 수 있다.

유라릴 프로젝트의 랜드마크.

다. 당시는 아직 어렸을 때라 건축이 무엇인지도 모르고 그저 사진 찍기 바빴는데, 그럼에도 기억에 남는 건물 중 하나가 여기, 릴에 있었다. 모로코 태생의 프랑스 건축가 크리스티앙 드 포잠박(Christian de Portzamparc)이 설계한 오피스 빌딩인 투르 드 릴(Tour de Lille)이다. 릴에서 추진했던 유라릴(Euralille) 프로젝트의 랜드마크로, 의자 모양이 특이해서인지 유난히 오래 기억에 남았다.

유럽에 유명한 건축물이 많은데 굳이 시간을 내어 작은 도시 릴을 방문한 건 유라릴을 다시 보기 위해서였다. 20세기 말, 8명의 건축가와 시민 대표들이 만나 계획한 유라릴은 세계적인 도시재생 프로젝트이자, 이로 완성된 지구(구역)를 의미한다.

지금의 유라릴이 탄생한 건 어쩌면 한 사람의 추진력 때문이다. 1973년, 릴을 지탱하는 기반 산업이 쇠락해 갈 시기에 시장으로 당선된 피에르 모루아는 도시의 새로운 동력을 찾고자 했다. 문화 도시로의 변모만으로는 차별성이 부족했다. 그래서 떠올린 건 지정학적 특성을 최대한 활용하는 방식이었다. 마침 같은 사회당 출신 프랑수아 미테랑이 대통령으로 당선되면서 모

유라릴은 상업·업무 지구와 공원이 결합한 대규모 역세권 개발 프로젝트였다.

루아를 총리로 지명하자, 그는 프랑스 고속철도인 테제베(TGV) 노선이 릴을 통과하도록 만들었다. 여기에는 단순히 역 하나를 유치하는 것이 아닌 복합적인 계산이 숨어 있었다. 기본적으로 이 프로젝트는 영국과 프랑스를 지하 고속철도로 잇는 것이 핵심이었는데, 벨기에와 인접한 릴에 새 역사를 세워서 벨기에와 네덜란드 사람들까지도 거쳐 가게 만든 것이다. 그뿐만 아니라 대규모 쇼핑 센터와 비즈니스 센터, 호텔과 주거 단지 등을 더해 릴의 새로운 미래를 그렸다. 대규모 투자 유치와 함께 완료된 사업은 산업 도시 재생의 훌륭한 예로 전 세계에 알려졌다.

하지만 앞서 이야기했듯이 릴은 단독 도시라기보다는 주변 백여 개에 가까운 코뮌과 함께 살아가는 '릴-메트로폴'로 인식되어있다. 릴에서 조금 벗어난 이웃 코뮌들의 건축 유산과 숨은 이야기를 살펴보자.

촉촉한 전시장
라 피신 미술관

릴에 머무는 어느 주말 아침, 밝은 햇살이 창문으로 들어왔다. 낯설었다. 유럽은 여름이 아니고서는 흐린 날이 대부분이라, 해가 뜨면 사람들은 볕을 쬐려고 집 밖으로 뛰쳐나간다. 나도 오랜만에 햇살을 제대로 느끼고 싶어서 트램을 타고 라 피신 미술관(La Piscine Museum)으로 향했다. 릴과 주변 도시를 잇는 지하철이 잘 되어 있어 이십 분이면 갈 수 있지만, 맑게 갠 하늘 아래 아름다운 풍경을 눈에 좀 더 오래 담고 싶었다. 릴 중심에 자리한 플랑드르역에서 트램을 타고 사십 분, 느린 속도로 미술관이 있는 루베(Roubaix)로 향했다.

루베는 19세기 산업혁명의 영향을 크게 받은 도시였다. 섬유산업이 발달해서 영국 맨체스터와 비견될 만큼 국제적 명성을 얻었고, 19세기 중반 이후 반 세기 만에 인구가 열 배 이상 증가

라 피신에서 수영을 즐기는 노동자들. 1930년대에 찍은 것으로 추정.

했다. 사람들이 몰리면서 기반 시설이 새롭게 생겼는데 그중에
는 수영장도 있었다. 시민 대다수가 섬유산업에 종사하는 가난
한 노동자들이라, 일을 마치고 쉽게 이용할 수 있는 위생 시설과
여가 시설이 필요했기 때문이다. 당시 유행했던 결핵을 대비하
기 위함이기도 했다.

세계 최고의 섬유산업 노동자라는 자부심을 느끼고 사는 사
람들인 만큼 공간도 그에 걸맞아야 할 터. 시에서는 릴 국립 고
등 미술학교 출신의 저명한 건축가 알베르 바에르(Albert Baert)
를 초청해 프랑스에서 가장 아름다운 수영장 설계를 의뢰했다.
십 년이라는 긴 시간이 걸려 완성된 라 피신(La Piscine, 수영장을
일컫는 프랑스어)은 금세 루베 시민들 사이의 명소로 자리 잡았

다. 하지만 저임금 국가의 가격 공세에 밀리기 시작하면서 프랑스 섬유산업은 1970년 이후 점점 내리막을 걷는다. 산업 부흥기 정점에 만들어진 수영장도 시간이 흘러 구조적 문제가 드러나자 1985년을 끝으로 문을 닫았다. 공교롭게도 도시 번성과 쇠퇴의 역사를 정확하게 담은 이 건물은 사람들의 기억에서 점점 잊혀갔다. 섬유를 대체할 산업을 미처 준비하지 못한 루베는 금세 프랑스에서 가장 가난한 도시로 전락했다. 공장 굴뚝은 더 이상 연기를 내뿜지 않았고, 사람들은 하나둘 도시를 떠났다.

라 피신이 다시 문을 연 건 2001년. 하지만 이번엔 수영장이 아니었다. 놀랍게도 미술관이었다. 제2차 세계대전을 거치며 문을 닫은 루베 국립 박물관을 다시 열고자 하는 과정에서 버려진 수영장이 대안으로 떠올랐다. 기차역을 미술관으로 바꾼 파리 오르세 미술관 설계에 참여했던 장 폴 필리퐁(Jean-Paul Philippon)이 리모델링을 맡았다. 시 의회에서 프로젝트가 승인된 후 십 년이 지나 문을 연 미술관은 금세 입소문을 타고 유명해지기 시작했다. 지금은 연간 20만 명 이상이 방문하는 프랑스 대표 미술관으로 자리매김했다.

이 미술관이 특별한 이유는 뭘까. 수영장을 미술관으로 바꾼 사실 때문에? 그게 아니라면, 아르데코 양식의 아름다움을 간직하고 있어서? 둘 다 맞는 이야기일 수 있다. 하지만 쓰임을 다한 옛 건물을 다른 용도로 바꾸는 건 그다지 특별한 일이 아니다. 멀리서 찾을 필요도 없이 우리나라에도 용도를 바꿔 '힙'해진 공간이 많다. 공장 밀집 지역에서 복합 문화 공간으로 거듭나고 있는 성수동이 그렇고, 한옥을 음식점과 소매점으로 바꾼 익선동도 있다. 그렇다면 용도 변경이라는 낯선 신선함을 넘어서는 라 피신 미술관의 진짜 가치는 어디 있을까?

라 피신이 다른 리모델링 프로젝트와 조금 다른 건 공간에 변화를 담고 있어서다. 아침과 저녁을 상징하는 스테인드글라스 창문으로 빛이 들어온다. 그 빛은 수조에 반사되어 양쪽에 나란히 선 조각상들을 비추며 길쭉한 그림자를 만들어낸다. 이 모습을 보고 있으면 신전에 와 있는 듯한 착각마저 든다. 해의 움직임에 따라 조각의 그림자와 채도가 달라지고, 일렁이는 수조에 사물들이 반사되어 생동감이 더해진다.

고백하건대 수많은 미술관과 박물관을 드나들었지만, 이때 처음으로 전시물을 마음으로 마주했다. 동시에 건축가로서 새로운 깨달음을 얻었다. 전시관을 설계할 때 때로는 효율적 보존이라는 관점에서 벗어나야 새로운 가능성을 만들어낼 수 있다는 것이다. 미술관이지만 어두우면 어때? 물이 있으면 어때? 공간이 좁으면 어때? 애초에 수영장을 위해 고안된 공간은 뜻밖에도 전시를 감상하는 새로운 패러다임을 선사하고 있었다.

수조 전시관이 '시간의 과정'을 담고 있다면, 여기에 더해 주목할 점은 그 장소까지 가기 위한 '공간의 과정'이다. 흔히 미술관이나 박물관은 건물 자체도 작품이어야 한다고 말한다. 소중

수영장이었던 이곳은 이젠 전혀 다른 공간으로 기능한다.

해의 변화와 물의 움직임은
작품의 다른 얼굴을 보여 주고 있다.

한 물건을 정성스러운 포장지에 담듯, 멋진 작품들이 모인 공간은 건축적으로 의미가 있어야 하는 법. 더군다나 도시를 대표하는 공간이라면 어느 정도 도시의 성격을 담아낼 필요가 있다. 그런 의미에서 보면, 라 피신은 입구부터 남다르다.

루베 중앙역 근처에 다다랐을 때, 트램에서 내려 미술관까지 여유롭게 걸어갔다. 조금이라도 루베의 분위기를 느끼고 싶었다. 그런데 특별하지 않았다. 3~4층짜리 벽돌 건물들이 이어졌다. 중간중간 빈 땅을 보며 여기에 공장이 자리하지 않았을까 짐작할 뿐이었다. 그렇게 비슷한 표정들이 반복되다가 문득, 입면에 프랑스어로 미술관을 뜻하는 'MUSÉE'라는 글자가 큼지막하게 그려진 건물이 나타났다. 정문을 넘어서자 'LA PISCINE'이 새겨진 건물과 함께 너른 마당이 펼쳐졌다. 글자를 이렇게까지 크게 새길 필요가 있었을까 생각하다 불현듯 우리나라 전통 사

예전 섬유공장 입면을 살려 미술관 정문으로 활용했다.

공장이었던 과거와 미술관이 된 현재가 공존한다.

찰의 진입 구조가 머릿속을 스쳐갔다.

'아! 이거구나. 건물 입면을 그냥 살려둔 게 아니겠구나.'

오래된 절에 가보면 중심 공간인 대웅전까지 가는 과정이 예사롭지 않다. 일주문과 금강문을 거쳐 사천왕문에 이르기까지, 본당에 다다르기 전에 분위기를 조성하는 공간이 있다. 부처님을 만나기에 앞서 마음을 다스리는 단계인 셈이다. 미술관 입구를 지나며 일주문이 떠오른 건, 그것이 일반적인 출입구가 아니었기 때문이다.

건축가는 관람객이 섬유공장이었던 건물을 거쳐 미술관으

로 들어오도록 유도했다. 대신, 문과 붙어있는 입면만 보존하고 공장이었던 내부는 철거해 외부 공간으로 만들었다. 과거 수많은 노동자가 드나들었을 문을 통과해 마당에 들어서면, 머리 위로 탁 트인 하늘과 함께 미술관이 나타난다. 길을 따라 걸어가면 공장을 떠올리는 굴뚝 일부와 조각들이 어우러져 과거와 현재가 서서히 연결된다.

보도 끝에 다다르면 옛 건축을 상징하는 벽돌과 새로운 건물을 상징하는 철과 유리가 조합된 주 출입구가 나타난다. 마당에서는 흘러간 시간을 상징물들로 보여 줬다면, 여기서부터는 건축 재료로 두 개의 시간을 연결한다. 벽돌 건물을 향해 걸어가면 매표소와 로비가 등장한다. 매표소 왼쪽으로는 새로운 재료인 유리와 철, 오른쪽으로는 공장을 상징하던 벽돌 벽이 함께 사람들을 맞는다. 조금 더 들어가야 주 전시관에 다다른다.

건축가는 수조 전시관까지 무려 100미터에 달하는 길을 이리 저리 꺾어가며 메시지를 전달한다. 수영장이 미술관으로 바뀐 공간을 보여 주는 데 그치기보다, 이 건축이 루베에서 어떤 의미를 담고 있는지 설명하려고 애쓴 것이다. 그래서 수조 전시관도 훌륭하지만, 그 사이 마주하는 건축가의 서사가 더욱 매력적으로 다가왔다.

물론 라 피신에 아쉬운 점도 많았다. 실제로 사용하던 탈의실과 샤워실을 정비해 작품을 전시해놨는데, 작품을 음미하기에

수조 전시관에 이르기까지 중간중간 쉴 수 있는 의자가 마련돼 있어, 루베와 이 공간에 대한 생각에 잠기게 한다.

는 다소 좁았다. 반대편에서 사람이 오면 길을 내주어야 했으니 그림은 여유롭게 감상하기보다 확인하고 넘어가다시피 했고, 굳이 낮고 좁은 이런 데까지 전시 면으로 활용해야 했는지 의문이 들었다. 다른 전시관도 작품을 욱여넣은 듯한 인상을 주었다. 하지만 이건 취향 문제일 수도 있겠다. 그런 어색함 덕분인지 작품들이 기억에 많이 남았으니 말이다.

훌륭한 건물 하나로 도시 전반을 바꾸는 건 쉽지 않다. 이전보다 훨씬 많은 사람이 루베를 방문하지만 지역 경제 성장으로 쉬이 이어지지는 않는다. 빈곤율은 여전히 프랑스에서 가장 높은 수준이며, 19세기 말 10만 명을 넘겼던 인구는 9만 명대로 떨어진 지 오래다. 과거 영광을 뒤로한 채 새로운 미래에 마주한 루베. 다시 전성기를 맞이할 수 있을지 궁금하다.

수조 전시관을 나와도 예술작품이 관람객을 맞이한다.

조금 다른 모더니즘
빌라 캬브후아

문득 이런 생각이 들었다. 세계적인 섬유산업 도시에서 공장을 운영했던 사람은 어떤 사람일까. 그 사람이 살던 집도 예사롭지 않을 텐데. 루베와 이웃한 코뮌 크루아(Croix)에서 답을 찾을 수 있었다. 라 피신에서 트램 타고 이십 분, 빌라 캬브후아(Villa Cavrois)에 도착했다.

이곳은 루베의 섬유 부호 폴 캬브후아(Paul Cavrois)의 저택이다. 건축가 로베르 말레 스테뱅스(Robert Mallet Stevens)가 설계해 1932년 완성되었다. 제2차 세계대전 중에는 독일군이 병영으로 쓰다가 전쟁이 끝나자 캬브후아의 자녀들이 돌아와 살았다. 이후에는 부동산 회사에 매각되었고, 결국 국가가 매입해 2015년 문을 열었다. 이처럼 복잡한 역사가 담긴 근대 건축 문화유산이기도 하다.

정원에서 바라본 빌라 캬브후아 전경.

백 년 전 부호가 살던 집이지만 현재 기준으로도 충분히 크고 화려하다. 정원까지 포함하면 5천 평이 넘는 부지에 지어졌다. 집으로 이해해도 괜찮을지 의심스러울 정도의 규모다. 빌라 캬브후아를 제대로 이해하려면 건축주보다 건축가 스테뱅스를 알아야 한다. 건축주가 건축가에게 모든 것을 일임하여 디자인한 건물이기 때문이다. 스테뱅스는 파리에 그의 이름을 딴 거리가 있을 정도로, 르 코르뷔지에와 함께 근대 건축사에 중요한 발자국을 남긴 건축가로 손꼽힌다. 이에 더해 영화, 가구 분야에서도 활약한 전천후 예술가다.

1886년 파리에서 태어난 스테뱅스는 미술품을 수집하는 가문의 영향으로 자연스럽게 다양한 예술을 접하며 자랐다. 건축 전문학교를 졸업했지만 이름을 알리기 시작한 건 실내 건축과 영화 분야였다. 특히 1920년대 세트 디자이너로 약 스무 편의 영화에 참여하면서 근대 건축이 영화에서 훌륭한 배경이 될 수 있음을 입증했다. 그는 등장인물이 화면으로 들어오기 전에 세트 자체가 관객에게 의미를 전달해야 한다고 믿었다. 그리고 어린 시절의 영향 때문인지 몰라도 작품을 만들 때 다른 분야의 예술가들과 협업하는 과정에 불편함을 느끼지 않았다.

특히 1924년에 발표한 마르셀 레르비에 감독의 영화 〈비인간

스테뱅스는 영화 〈비인간〉에서 화가, 의상 디자이너, 가구 디자이너 등 다양한
예술가들과 작업했다.

(L'inhumaine)〉에서는 입체파 화가 페르낭 레제(Fernand Léger), 의
상 디자이너 폴 푸아레(Paul Poiret), 가구 디자이너이자 건축가
피에르 샤로우(Pierre Chareau)와 함께 수작을 만들기도 했다. 지
금 관점으로 봐도 충분히 실험적이고 예술적이며 모든 장면에
공을 들였다는 걸 알 수 있다. 이렇게 독특한 커리어를 기반으로
성장해서 그런 걸까? 빌라 캬브후아를 유심히 보면 다른 건축가
들의 작업 방식과는 살짝 결이 다른데, 이것은 사실 건축가들의
오랜 딜레마와도 연결된다.

건축가들은 '어디까지 디자인해야 하는가'를 늘 고민한다. 일반적으로 건축 설계 분야는 '건축'과 '실내 디자인'으로 나뉜다. 건축가가 거시적인 시각으로 전체 공간의 꼴을 만든다면, 실내 디자이너는 미시적인 시각으로 공간 사용자들이 느낄 미세한 부분까지 구현한다. 그래서 건축을 할 때 일반적으로 건축가는 지어질 건물과 주변 건물이 만들어내는 상호작용과 공간의 흐름에 관심이 있지만, 실내 디자이너는 손에 닿는 가까운 거리에서 느낄 수 있는 디자인에 관심이 많다. 하지만 애초에 공간이라는 게 수학 공식처럼 명확하게 답이 나뉘지 않는다.

건축이란 결국 사람이 체험하는 공간을 만드는 일인데, 그 체험은 대개 내외부를 넘나들면서 이뤄지기 때문이다. 건축 설계 분야가 워낙 광범위하다 보니 건축과 실내 디자인으로 구분되지만, 기본적으로 건축가는 실내까지 다루고 싶어 하고 실내 디자이너는 건물까지 구현하고 싶어 한다. 그런데 공간을 대하는 관점이 다르다 보니 결과물을 보면, 각 분야의 전통적인 설계 방식과 사뭇 다르다. 건축가들이 실내 디자인을 하면 비록 내부라 할지라도 그 안에서 또 공간을 만들어 '공간 사이의 긴장감'을 만든다. 반대로 실내 디자이너들이 건물을 설계하면 건물 자체가 주변 환경에 비해 다소 튀어 보일 수 있으나 기본적으로 작은 규모에 민감한 만큼 '만듦새가 세밀'하다.

스테뱅스는 이 딜레마 사이를 자유롭게 오갔다. 건축을 전공

공간에 독특한 감각을 불어넣은
건축가와 실내 디자이너 사이의 딜레마.

했지만 실내 디자인과 영화 세트 디자이너로 일했기에 작은 치수 디자인으로 시각적 효과를 극대화했다. 그리고 건축가들이 오브제까지도 디자인하는 게 맞지 않냐는 고민을 할 때, 가구 디자이너, 조명 디자이너와의 협업을 즐겼다. 빌라 캬브후아는 이런 건축가의 작업 방식이 집대성된 작품이다.

집을 돌아다니다 보면 어느 공간에서나 하나의 시그니처가 눈에 띈다. 바로 수평 띠다. 현관, 거실, 응접실은 물론 외부 벽돌까지 일관된 흐름으로 느껴지는 까닭이 여기 있다. 이 집을 한 문장으로 표현하면 무채색 수평 띠에 담긴 유채색 공간이라고 할 수 있다.

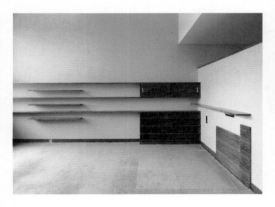

창틀이든 선반이든 수평 띠가 공간 곳곳에 일체감을 준다.

프랑스 저택에 초대받아 집 안으로 들어서면 어떤 공간이 가장 먼저 보일까? 고풍스러운 계단? 천장 높이 매달린 샹들리에? 빌라 캬브후아는 입구에서부터 고정관념을 깬다. 이 집에는 화려한 장식이 없다. 대신 현관에 들어서자마자 커다랗고 네모난 조명 상자가 보인다. 생소한 장면이다. 머리 위도 아니고 바로 눈 앞에, 그것도 이 건물만을 위해 디자인된 조명 상자가 가장 먼저 들어오다니. 맑은 날에는 거실 너머로 보이는 외부 정원으로 방문객의 시선을 집중시키고, 어두운 날에는 북향이라 어두울 수 있는 복도를 환하게 비춰준다.

건물 입구 조명 상자와 조명, 라디에이터에도 수평 띠가 둘러져 있다.

조명을 자유자재로 다룰 수 있는 건축가는 많지 않다. 신축 건물에 익숙한 건축가들은 자연광에는 관심이 많지만 인공 조명으로 공간의 새로운 가능성을 만드는 데는 서툰 편이다. 조명을 과도하게 쓰면 공간의 잠재력을 저해한다고 생각하는 사람도 있다. 하지만 스테뱅스는 과감하게 인공 조명을 건물의 첫인상으로 가져왔다. 그리고 이 조명이 '무채색의 수평 띠'라는 전체적인 공간 콘셉트에 녹아들도록 디자인했다. 앞서 말했듯 집의 백미라 할 수 있는 무채색 수평 띠는 곳곳에서 반복된다. 복도에 설치된 조명도, 라디에이터에도 가로줄이 보인다.

복도를 거쳐 방으로 들어가면 다양한 색깔이 돋보인다. 창밖 정원의 푸르름을 끌어안은 듯한 연녹색 벽의 거실은 방문객을 따뜻한 분위기로 맞이한다. 짙은 갈색 수평선이 인상적인 제브라 우드를 사용한 어린이 식당은 차분한 분위기를 연출한다. 푸른색과 주황색 톤으로 구성된 방들이 그 공간만을 위해 디자인된 가구, 조명과 함께 훌륭한 조화를 만든다.

이 맞춤복 같은 내부 공간은 외부로도 이어진다. 노란색 벽돌로 마감한 건물 외장재는 공간을 정의하는 모든 요소를 정교하게 엮어낸다. 얼핏 봐서는 깔끔하다는 인상만을 주겠지만, 유심히 바라보면 단 하나도 허투루 쌓아 올린 게 없다. 한 장에서 출발한 벽돌을 두 장 쌓으면 계단 한 단이 되고, 하나를 더 얹으면 수영장 사다리 높이가 된다. 벽돌 네 장이 벽에서 튀어나오면 2층 테라스가 되고, 1층 테라스는 그보다 조금 두툼한 다섯 장으

건물 내부는 물론, 외부에도 곳곳에 수평 띠가 적용됐다.

로 구성되어 지면에 맞닿은 건물의 무게감을 미묘하게 표현한다. 다양한 치수를 다루는 감각이 없다면 쉽게 쓸 수 없었을 건축가의 자신감이다.

우리나라도 인구가 줄면서 신축보다는 리모델링 시장이 커지고 있다. 도시재생이 건축계의 화두로 떠오른 건 오래전 일이다. 이제는 일반 건축사 사무소들도 실내 건축 프로젝트 없이 회사를 운영한다는 건 상상하기 힘들어졌다. 건축가로서 다양한 스케일을 이해하고 적용할 수 있는 훈련이 절실하다. 스테뱅스는 근대 건축계에서는 이단아로, 실내 건축계에서는 변방으로 취급받았다. 그러나 빌라 캬흐부아가 탄생하고 백 년이 가까워져오는 지금, 그가 그려낸 공간 구성법을 돌아봐야 하지 않을까?

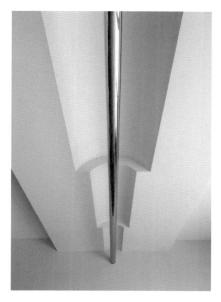

스테뱅스는 간단한 소재 마감 하나도 허투루 하지
않았다. 탄탄한 실내 디자인 경험에서 비롯된 독특한
감각 덕일 것이다.

루브르 박물관이 또 있었어?

랑스 루브르

오드프랑스를 이끌던 두 축은 섬유업과 탄광업이다. 빌라 캬브후아를 통해 섬유업 유산을 보았으니, 탄광업 유산도 찾아보고 싶었다. 마침 릴에서 멀지 않은 작은 도시 랑스(Lens)에서 지난날의 흔적을 찾아볼 수 있었다. 이튿날, 기차를 타고 랑스로 향했다.

프랑스를 대표하는 랜드마크는 뭘까? 에펠탑을 떠올리기 쉽지만, 궁전과 유리 피라미드의 대비가 압도적인 루브르 박물관을 이야기하는 사람도 많다. 루브르 박물관은 전시물 하나하나를 둘러보는 데만 일주일 가까이 걸릴 정도로 방대한 규모를 자랑한다. 이런 박물관이 2012년, 프랑스 안에 처음으로 2호점을 열었다. 그런데 위치가 다소 의외였다. 관광객들이 쉬이 접근하기 어려운 오드프랑스의 작은 탄광 도시, 랑스였기 때문이다.

랑스는 릴에서 약 30킬로미터 떨어진 이웃 도시다. 릴-메트로폴 권역에 속하지는 않지만, 릴처럼 산업 노동자들이 많이 살던 도시였다. 세계대전 이후 잠깐 호황을 누렸으나, 석탄 채굴량이 감소하고 산업 자체가 쇠락하면서 탄광들은 문을 닫았다. 도시는 점점 침체되었다. 그런 와중에 정부에서는 파리에 지나치게 몰린 문화 시설을 지방으로 분산하고자 루브르 분관 계획을 추진했다. 이때 랑스가 적극적으로 파고들었다.

죽어가는 도시에 문화 시설이 덧붙여졌을 때 그 의미는 더 이야기할 필요가 없을 것이다. 비슷한 어려움을 겪은 여러 도시가 문화로 새로운 바람을 일으키고자 했지만, 도시 활성화까지는 이어지지 않았다. 랑스도 마찬가지다. 사람들은 랑스 철도역 입구에 도착하면 루브르에서 제공하는 무료 셔틀버스를 타고 박물관에 내려서 전시를 관람한 다음, 도시를 떠나기 바빴다. 지역 주민들은 생활과 아무 관련 없는 전시에 금방 흥미를 잃었다. 새

탄광과 석탄 찌꺼기를 쌓아뒀던 넓은 부지에 들어선 랑스 루브르.

로운 콘텐츠가 도시에 자리 잡으려면 지역 사회와 접점을 만들고, 관광객이 조금이라도 더 머물면서 소비하게 해야 하는데 그러지 못했다. 이에 루브르와 시 당국도 지역과 연관된 전시를 늘리고 관광 인프라를 갖추는 등, 개선해 가는 중이라고 한다.

탄광이 있던 자리에 제2의 루브르를 설계한 건 일본 건축가 팀 사나(SANAA)다. 세지마 가즈요(妹島和世)와 니시자와 류에(西沢立衛)가 이끄는 건축가 그룹으로, 2010년 프리츠커상을 수상하기도 했다. 안도 다다오의 상징이 매끈한 노출콘크리트로 빚은

SANAA의 작업물인 서펜타인 파빌리온.

존재감 진한 공간이라면, SANAA는 얇은 기둥과 재료로 건물이 가볍게 떠있는 듯한 느낌을 준다. 건축에 조금 관심 있는 사람이라면 '이거 SANAA가 한 거 아닌가?' 떠올릴 정도로 그들이 만든 작품들은 분명한 고유성을 지닌다. 얇은 흰색 철제 기둥과 낮고 길쭉한 수평성, 바깥 풍경을 최대한 안으로 끌어오는 유리 마감은 랑스 루브르에도 반복된다.

건축가들은 자연경관이 뛰어난 곳에 건물을 짓고 싶어 한다. 그만큼 건물이 돋보일 수 있기 때문인데, 동시에 좋은 풍경을 건물로 가로막게 되는 딜레마에 빠지곤 한다. SANAA는 건물을 얇

아 보이게 설계해서 경관을 최대한 보존했다. 멀리서 보고 있으면 거대한 자연 속에 연필로 천장과 기둥을 그어놓은 것 같다. 벽 또한 주변 환경을 반사해 자연과 인공물 사이의 경계를 흐릿하게 한다.

　루브르에 처음 도착했던 날, 망했다 싶었다. 릴에서 랑스로 가는 기차 시간을 잘못 맞춰 늦게 도착한 데다 날씨는 이루 말할 수 없이 칙칙했다. '사진 찍기는 글렀네.' 속으로 중얼거리며 건물로 서서히 다가갔다. 멀리서 보이던 건물이 눈앞에 드러나자 입가에 미소가 흘러나왔다. 오히려 날씨가 흐려 다행이었다. 연신 카메라 셔터를 눌렀다. 회색 하늘부터 은색 알루미늄 외장재, 바닥 정원으로 이어지는 모호한 경계가 압권이었다. 분명 건물이 주변 광경을 가로막고 있음에도 장벽처럼 느껴지지 않았다. 되려 주변 나무와 정원을 은은하게 반사해 표면에 실루엣처럼 스며들었다. 쉽게 볼 수 없는 자연의 새로운 모습이었다. 한편으로는 이런 생각도 들었다.

　"알루미늄이 열일했네!"

　알루미늄은 매력적인 건축 재료다. 금속임에도 공기와 만나면 부식되는 게 아니라 되려 피막을 형성해 내부를 단단하게 보호한다. 알루미늄을 떠올리면 생각나는 은색 역시 공기와 만나

브러쉬 효과를 더해 질감을 살린 알루미늄 패널.

표면에 산화피막이 생긴 모습이다. 철보다 밀도가 낮지만 가벼운 데다 강도는 세서 건축에서 외장재로 사용된다. 게다가 길게 늘어나고 쉽게 구부릴 수 있어 독특한 형태를 만들기에도 좋다. 자하 하디드가 설계한 비정형 건축인 DDP 또한 4만 장이 넘는 알루미늄 패널로 만들어졌다.

세지마와 니시자와는 부드러운 사포로 갈아낸 듯한 알루미늄 패널을 루브르 내외부 벽면에 사용했다. 때로는 어떤 존재가 주인공을 더욱 빛나게 해주는 경우가 있다. 영화 속 조연의 역할이 그러한데, 이 공간에서는 알루미늄 패널이 멋진 조연이다. 건물 밖에서는 자연이라는 주연을, 내부에서는 전시물이라는 주연을 돋보이게 한다.

시간 갤러리로 불리는 내부 전시관으로 들어왔다. 알루미늄 패널로 마감한 전시장 벽과 천장에서 백색 루버를 타고 내려오는 자연광이 몽환적인 분위기를 빚어낸다. 120미터에 이르는 길쭉한 공간에 각 시대를 대표하는 유물이 이어진다. 전시장 내부를 희미하게 반사하는 알루미늄 벽 덕분에 전시물 하나하나에 시선이 정확하게 맺혔다. 카메라로 피사체에 초점을 맞추면 배경이 흐릿하게 보이는 것처럼 말이다. 만약 광택이 강한 알루미늄 패널을 사용했다면 반대편 벽을 반사해 넓어 보였을 것이다. 하지만 사람들이 개별 유물에 집중하기는 어렵지 않았을까? 같은 재료도 어떻게 가공해서 사용하느냐에 따라 공간의 역할

랑스 루브르 박물관 내부 전시장. 배경을 의도적으로 흐릿하게 하여 전시물에 초점을 맞추게 한다.

이 달라질 수 있다는 걸 여실히 증명하고 있었다. 건물을 감상할 때 재료를 어떻게 잇고, 쌓고, 가공했는지 유심히 살펴보면 건축을 이해하는 새로운 재미가 생긴다.

중앙 홀로 돌아오면 리셉션과 기념품 매장 등의 공간이 유리 프레임 안에 들어가 있다. 홀에 서서 사방을 바라보면 시선 끝이 외부 공원까지 확장된다. 전시관은 벽으로 막아 관람객이 내부에 집중하게 했다면, 홀은 유리 프레임으로 열어 외부를 끌어들이는 전략이다. 거기에 얇은 흰색 철제 기둥이 더해져 공간은 한층 가벼워 보인다.

전시장 내부는 유리로 구획되어 연결성과 개방감을 높였다.

언뜻 보면 단순해 보이는 건물이지만 꼼꼼히 살펴보면 건축가의 깊은 고민을 엿볼 수 있다. SANAA는 프로젝트마다 엔지니어와 협력해 구조적으로 어려운 디자인에 도전한다. 마치 중력

투명한 유리와 얇은 철제 프레임은 내외부의 경계를 모호하게 만든다.

에 반하려는 듯 얇은 기둥으로 건물을 받치고 있는 모습을 보고 있으면 아이러니하게도 굵은 석조 기둥으로 공간을 지지하고 있는 것만큼 존재감이 두드러진다. 압도적인 풍경은 꼭 벽이나 기둥이 두껍다고 만들어지는 건 아니다.

랑스 루브르가 랑스의 일원이 되기 위해 아직 풀어야 할 과제는 많이 남아 있다. 전시를 보여 주는 방법이나 공간 자체는 좋았지만, 상설 유물들이 서양 중심 사관에 치우쳐져 있어 아쉽다는 방문객도 많다. 도심과 조금 동떨어져 있더라도 랑스 주민들의 삶 속에 루브르가 자리 잡으려면 박물관 측에서도 도시와의 접점을 더 늘려야 할 것이다. 이건 랑스만의 문제가 아니다. 라 피신이 있는 루베, 루브르가 있는 랑스가 아닌, 도시 그 자체를 어떻게 보여줄지 고민하는 단계로 넘어가야 비로소 함께 성장할 수 있는 도시의 내일이 열리리라.

도시 산책

우리가 만날 또 다른 유럽

Ghent
Vilnius
Aarhus
Porto
Dublin
Duisburg
Budapest

중세 유럽으로 시간여행

✕ 벨기에 헨트

벨기에 헨트는 13세기 무렵, 북유럽에서 가장 크고 부유한 도시로 성장했다. 구도심 성 미카엘 다리(St Michael's Bridge)에 서서 성 바포 대성당(St Bavo's Cathedral)과 굽이치는 운하를 바라보고 있으면 중세 유럽이 시간을 넘어 성큼 다가온다. 야경으로 이름난 체코 프라하나 헝가리의 부다페스트 못지않다. 벨기에 사람들이 가장 아름다운 도시로 헨트를 꼽는 데는 이 야경도 큰 몫을 할 것이다.

성 바포 대성당.

발트 3국 독립의 시작점

✕ 리투아니아 빌뉴스

1989년 여름, 북유럽 발트 3국(리투아니아, 라트비아, 에스토니아)의 백만 명이 넘는 시민들이 모여 손을 잡았다. 이들은 670킬로미터의 인간띠를 만들어 소련으로부터 독립을 요구했다. 발트의 길(Baltic Way)로 불린 이 평화 시위의 시작점이 빌뉴스 대성당 광장이다. 1991년, 결국 소련은 해체 직전에 발트 3국의 독립을 인정했다.

게디미나스성의 탑.

빌뉴스 대성당 광장.

아로스 오르후스 미술관.

색안경을 끼고 보는 도시

X 덴마크 오르후스

수도 코펜하겐에서 차로 세 시간가량 떨어진 제2의 도시 오르후스에는 말 그대로 '색안경을 끼고' 도시를 보는 전망대가 있다. 아이슬란드계 덴마크 예술가 올라퍼 엘리아슨(Olafur Eliasson)이 설계한 무지개 파노라마(Your Rainbow Panorama)다. 익숙한 자연환경을 새로운 방식으로 느끼게 하는 그의 예술관이 고스란히 녹아들었다.

자연과 건축의 끊임없는 대화

× 포르투갈 포르투

포르투는 조앤 롤링이 해리포터의 영감을 얻었다는 렐루 서점으로 유명하지만, 포르투갈 출신 건축가 알바로 시자(Alvaro Siza)의 작품을 보는 재미 또한 쏠쏠하다. 그가 스물여섯 나이에 설계한 레카 야외 수영장은 건축이 자연과 얼마나 조화롭게 연결될 수 있는지 보여 주는 수작이다. 길고 낮은 콘크리트 경사로를 내려가면 파도 소리가 들리기 시작한다. 그 소리 끝에 세상에서 가장 아름다운 수영장이 나타난다.

낮술을 마시고 거닐어야 할 것만 같은

✕ 아일랜드 더블린

더블린은 『율리시스』를 지은 제임스 조이스(James Joyce), 『걸리버 여행기』의 조너선 스위프트(Jonathan Swift) 같은 수많은 작가를 배출한 문학 도시이자 펍(Pub)의 도시다. 도심 곳곳에 천여 개의 아이리시 펍이 있다는데, 그중 가장 유명한 템플바(Temple Bar) 거리는 낮술을 마시지 않고는 지나칠 수 없을 만큼 매력적인 펍으로 가득하다.

트리니티 칼리지 도서관.

걷는 롤러코스터

✕ 독일 뒤스부르크

철강업으로 유명했던 독일 뒤스부르크에는 과거 이곳에서 생산되던 주석, 아연 등의 재료로 만든 '걷는 롤러코스터'가 있다. 롤러코스터라 하면 빠르게 달려가는 호랑이를 연상시키지만, 실상 사람들은 거북이처럼 레일 위를 천천히 걸어 다닌다. 독일 예술가 울리히 겐츠(Ulrich Genth)와 하이케 무터(Heike Mutter)가 제작한 이 롤러코스터는 2021년, 우리나라의 대표 철강 도시 포항에도 '스페이스 워크'라는 이름으로 찾아왔다.

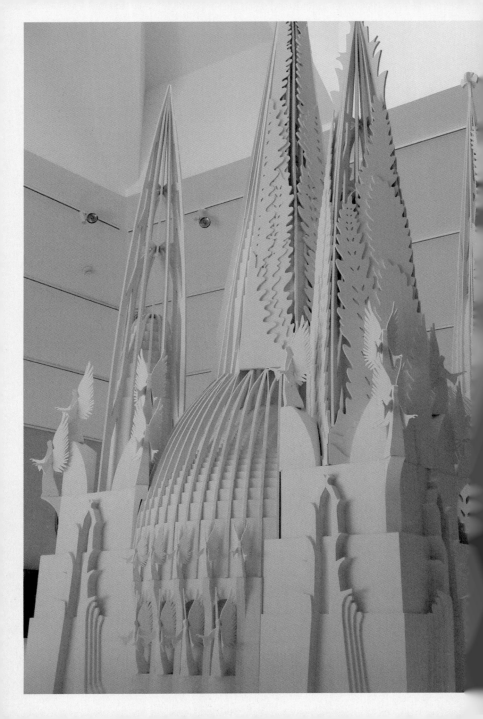

헝가리 민족주의 건축가가 남긴 걸작

✕ 헝가리 부다페스트

일반적인 양식으로 설명하기 힘든 독특한 디자인으로 자신만의 세계를 구축한 건축가들이 더러 있다. 스페인에는 안토니 가우디(Antoni Gaudi)가, 오스트리아에는 훈데르트바서(Hundertwasser)가 있다면 헝가리에는 임레 마코베츠(Imre Makovecz)가 있다. 헝가리 민족주의와 유기적 아름다움을 결합한 그의 스타일은 '부활의 교회'에 집대성되었다. 헝가리의 사그라다 파밀리아가 될 수 있다는 찬사를 받기도 했지만, 건축가의 사망과 여러 사정이 맞물려 실현되지 못한 채 미완성의 걸작으로 남았다.

낯설지만 빛나는 도시와의 만남

김봉렬
한국예술종합학교 건축과 교수, 전 총장

'관광'이란 '관국지광(觀國之光)'의 줄임말이며, 이 사자성어가 생겼던 고대 중국의 '국'이란 도시 단위의 나라를 뜻했다. 다시 말해 관광이란, 곧 '도시의 풍경을 바라보는 여행'을 뜻한다. 따라서 진정한 관광이란 그 도시의 역사를 추적하고 문화를 체험하는 행위이자 구체적으로 건축을 이해하는 탐험이기도 하다.

우리에게 익숙한 유럽이란 프랑스, 독일, 영국 등 서유럽에 불과하며 범위를 좀 넓혀도 스페인과 이탈리아 등 남유럽으로 제한된다. 젊은 건축가인 저자는 동유럽의 네 도시와 북유럽의 낯선 세 도시를 소개하며 우리가 몰랐던 유럽으로 안내한다. 알려진 도시만 중요한 것은 아니다. 20세기 세계 건축을 이끌었던 네덜란드 전위 건축의 발생지는 힐베르쉼이며, 라트비아의 작은 수도 리가는 20세기 초 북유럽의 아르누보를 선도했다. 크로아티아라 하면 중세 도시 두브로브니크가 떠오르지만, 리예카는 아드리아해의 황금 시대를 열었던 항구 도시였다. 발음마저 생소한 브라티슬라바나 그단스크, 류블랴나는 나름의 절절한 역사와 이야기를 간직한 동유럽의 빛나는 도시들이다.

이 책은 단순한 여행 안내서가 아니다. 건축물들을 분석하고 비평하면서 도시의 단면을 하나하나 풀어나가는 탐구서다. 도시는 큰 건축이며, 건축은 축소된 도시다. 따라서 도시의 주요한 건설자는 건축가이며, 그들의 생각과 노력이 도시의 지층을 쌓고 역사를 만들어 왔다. 그 도시의 건축을 선도했던 건축가들, 힐베르쉼의 빌럼 마리누스 두독이나 류블랴나의 요제 플레츠니크 등을 발굴하고 그들의 건축적 이념과 방법론의 해석을 통해 이 낯선 도시들을 이해한다.

저자는 네덜란드에서 공부하고 실무를 쌓은 건축가이며 도시 연구자다. 도전적으로 선택한 델프트공대에서 이론 공부만 한 게 아니라, 흔히 알려지지 않은, 그러나 매우 중요한 도시와 건축을 탐험하고 체험했다. 현장이 주는 교훈과 깨달음의 가치를 비교적 이른 나이에 체득한 것이다. 거기에 단순한 체험을 넘어 체계적인 저술까지 도전한다. 이론과 실무를 겸하려는 자세이며, 도시와 건축을 총체적으로 이해하려는 노력의 결과물이다.

여행은 걸어가는 독서이며, 독서는 앉아서 하는 여행이다. 앉아서 하는 여행을 통해 몰랐던 유럽의 빛나는 도시를 이해하고 관광하자.

공간의 서사로 안내하는 여정

서민우, 지정우
EUS+ 건축사사무소 공동대표

유럽은 이름만으로도 우리를 설레게 한다. 하지만 대개는 남들이 찍은 증명사진을 확인하고 자기도 남기려는 듯 빡빡한 일정으로 다녀온다. 그마저도 팬데믹 전에 해당하는 이야기다. 팬데믹에 발목 잡힌 가운데, 사람들은 이제 디지털 여행을 통해 주목하지 않았던 골목 구석구석과 알려지지 않은 유산을 탐험한다. 어쩌면 팬데믹은 여행지의 속살을 파고들 기회를 주는 건 아닐까? 방대한 유럽 대륙을 더 조밀하게 바라보며 도시와 그 속의 삶에 다가가도록.

저자 덕분에 그동안 잘 알려지지 않았던 변방 도시를 글과 사진들로 만났다. 이 책은 가까스로 억누르고 있던 여행 욕망을 긁어준다. 동네 사랑방의 따뜻한 볕 아래 모여 미지의 도시 이야기를 전해 듣는 듯한, 특별한 감상을 느낀다. 한 페이지씩 넘기면서 그 까닭이 더욱 궁금해진다. 몰랐던 공간, 건축물이고 타인의 일상인데? 그건 '각자의 비범함'이 빚어낸 낯선 도시를 배경으로 하기 때문이 아닐까.

도시는 끊임없이 변화하는 생명체나 다름없다. 저자는 역사 속 도시의 삶과 죽음과 부활을 말한다. 그단스크 이야기는 제2차 세계대전을 언급하며 시작한다. 무역의 중심지 그단스크가 세계사적 혁명의 흐름에 휩쓸리고, 폭압적인 권력에 의해 파괴된 운명이었다는 것을 포착한다. 이 같은 서사가 책으로 엮인 것은, 저자가 도시의 삶과 지혜를 내실 있게 탐구해왔기에 가능했다. 도시를 거닐다 우연히 발견한 '성 캐서린 성당'과 '잃어버린 묘지를 위한 묘지'로 마무리되는 그단스크 투어는 짜임새가 있다. 공간의 상흔을 찾고, 달래고, 성장하는 모습까지 기승전결이 잘 담겨 있다. 아주 잘 차린 정찬을 맛본 느낌이다. 그 감동은 책의 처음부터 끝까지 이어진다.

저자의 시선을 따라가는 '몰랐던 유럽' 이야기는 지루할 틈이 없다. 브라티슬라바의 '성 마틴 대성당', 그단스크와 류블랴나를 거쳐 리가와 리예카까지. 중간에 불쑥 담긴 '익숙한' 네덜란드와 프랑스는 이 투어에 낯섦을 덜어낸다. 이 책의 묘미는 단편적으로만 공간을 경험하는 여행자들의 시선을 도시의 두터운 서사로 이끄는 것에 있다. 저자의 글을 따라가면, 어느 순간 낯선 도시가 친숙하다 싶을 만큼 우리 곁에 다가온다. 젊고 진중한, 건축가의 감성을 듬뿍 담아 한 권으로 정리된 '우리가 몰랐던 유럽' 이야기는, 그의 다음 발걸음을 기대하게 한다.

단행본

* 김현섭 외, 『건축수업 : 건축물로 읽는 서양 근대건축사』, 집, 2016, p.161-166 힐베르쉼
* 정태남, 『동유럽 문화도시 기행』, 21세기북스, 2015, p.286-325 브라티슬라바
* 최재석, 『네덜란드 근대건축』, 서우, 2004 힐베르쉼
* 존 커티지 외, 『실내건축의 역사』, 김주연 외 옮김, 시공사, 2005, p.335-336 릴-메트로폴
* Andrej Hrausky, Jože Plečnik, Janez Koželj, Klemen Kunaver, 『Jože Plečnik in Ljubljana and Slovenia』, Cankarjeva založba, 2007, p.20, p.44. 류블랴나
* Ema Aničić, 『Riječka industrijska priča』, Muzej grada Rijeke, 2014 리예카
* Gunilla Lapointe, 『Roubaix la piscine』, L'esprit Du Lieu, 2019 릴-메트로폴
* Herman van Bergeijk, Paul Meurs, 『Town Hall : Hilversum : W.M. Dudok.』, V+K, 1995 힐베르쉼
* Herman van Bergeijk, 『W.M. Dudok』, 010 Publishers, 2001 힐베르쉼
* Lidija Butkovic Micin, 『Ada Felice-Rošić i Nada Šilović Ženski trag u arhitekturi Rijeke』, Muzej grada Rijeke, 2013 리예카
* MVRDV, 『MVRDV at VPRO』, ACTAR, 1999 힐베르쉼
* Paul Meurs, Marie-Thrse van Thoor, 『Zonnestraal Sanatorium : The History and Restoration of a Modern Monument』, NAI publishers, 2010, p.188 힐베르쉼
* Špela Kuhar, Robert Potokar, 『Let's See the City: Ljubljana : Architectural Walks and Tours』, Ustanova fundacija Piranesi, 2018 류블랴나

논문

* 김현섭, 「민족 정체성의 건축적 구현 : 1900년 전후의 핀란드 민족낭만주의 건축에 관한 고찰」, 『건축역사연구』 제14권 제4호, 한국건축역사학회, 2005, p.59-72 리가
* 김현철, 윤혜영, 「MVRDV 건축의 Datascape 공간조직방법 연구」, 『한국문화공간건축학회 논문집』 제9호, 한국문화공간건축학회, 2003, p.41-49 힐베르쉼

홈페이지

* archiweb.cz/b/panelak-v-rimavskej-sobote 브라티슬라바
* bigsee.eu/rihub-by-ana-boljar-croatia/ 리예카
* designcurial.com/news/motown-to-mountain-4346260/utm_medium=website&utm_source=archdaily.com 리가
* en.wikipedia.org/wiki/St_Martin%27s_Cathedral,_Bratislava 브라티슬라바
* en.wikipedia.org/wiki/Panel%C3%A1k 브라티슬라바
* makovecz.hu/templom/en 부다페스트
* peacehavens.co.uk/BSXKEYS.htm 리가
* pg.gda.pl:80/~jkrenz/projekty-r4gb.html 그단스크
* rijekaheritage.org/en/kj/tvornicapapira 리예카
* tautasgramatuplaukts.lv/en/ 리가
* youtube.com/watch?v=FDa3pmJapIA 그단스크

기타 자료

* ace-cae.eu/fileadmin/user_upload/2020ACESECTORSTUDY.pdf 리예카

26쪽 (우) ©Diego Delso
35쪽 ©young shanahan
36쪽 letuska.cz
39쪽 miestamesta.sk
50쪽 ©GutGut
51쪽 ©GutGut
52쪽 ©GutGut
53쪽 ©BoysPlayNice
67쪽 ©Artur Andrzej
73쪽 (좌) ©Dudva
74쪽 (좌) ©Radosław Gajda
(우) ©Radosław Gajda
75쪽 (중) ©muzeumgdansk
(하) ©muzeumgdansk
80쪽 ©Frederik de Wit
97쪽 (상) ©Jacek Krenz (하) ©Starscream
98쪽 ©Starscream
114쪽 zgodbe.siol.net
118-119쪽 visitljubljana.com
120쪽 ©MGML documentation
122쪽 ©Thomas Winwood
130쪽 (상) projekti.gimvic.org
(중) expedia.com.hk
137쪽 ©LeDucky
159쪽 julietteverhofstad.nl
161쪽 (하) ©Stilfehler
162쪽 (상) ©dudok public works archive
163쪽 (좌) ©dudok public works archive
(우) ©dudok public works archive
174쪽 ©google
182쪽 ©mvrdv
183쪽 (상) ©석대희
(하) ©mvrdv

184쪽 ©석대희
185쪽 (좌) ©석대희 (우) ©석대희
187쪽 ©석대희
198쪽 (우) ©Brunswyk
204쪽 ©Brunswyk
212쪽 ©Jorge Franganillo
216쪽 (좌) retromap.ru (우) ©google
218쪽 ©Anna Kudryavtseva
220쪽 ©wwhyte1968
221쪽 ©Dmitrii Iarusov
222쪽 rct.lv
223쪽 ©Jānis Škapars
226쪽 ©Liene
227쪽 kulturaskanons.lv
253쪽 (상) ©Adamić
254쪽 (하) ©Bildarchiv Monheim
264쪽 (좌) ©Rijeka city Museum
(우) ©Karađole
266쪽 (좌) ©MGR (우) ©mapsusnet
267쪽 ©Lidija Butković Mićin
268쪽 (좌) ©Lidija Butković Mićin
(우) ©google maps
270쪽 ©MGR
273쪽 ©interreg central europe
274쪽 vizkultura.hr
275쪽 ©martinmayhew
276쪽 (우) ©markomihaljevic.co
291쪽 ©La Piscine
306쪽 villa-cavrois.fr
317쪽 ©Iwan Baan
318쪽 @SANAA
331쪽 (하) ©Saulius Gruodis
334-335쪽 ©Christian Gänshirt

* 이 책에 수록된 도판은 저자가 직접 촬영한 것과 위키미디어 커먼스(Wikimedia Commons)
  등에서 구한 공공 이미지로 구성되었다.
* 저자가 직접 촬영한 것과 퍼블릭 도메인 이미지는 따로 출처를 표기하지 않았다.

낯설지만 빛나는 도시에서

이를테면,
그단스크

1판 1쇄 인쇄 | 2022년 12월 10일
1판 1쇄 발행 | 2022년 12월 25일

지은이 고건수

펴낸이 송영만
디자인 자문 최웅림
편집위원 송승호
편집 송형근 이유림
디자인 김미란

펴낸곳 효형출판
출판등록 1994년 9월 16일 제406-2003-031호
주소 10881 경기도 파주시 회동길 125-11(파주출판도시)
전자우편 editor@hyohyung.co.kr
홈페이지 www.hyohyung.co.kr
전화 031 955 7600

© 고건수, 2022
ISBN 978-89-5872-210-6 03920

값 20,000원